CONTEMPORARY CANADIAN PHOTOGRAPHY
FROM THE COLLECTION OF THE NATIONAL FILM BOARD

PHOTOGRAPHIE CANADIENNE CONTEMPORAINE
DE LA COLLECTION DE L'OFFICE NATIONAL DU FILM

Produced by the National Film Board of Canada,
Still Photography Division
Ottawa, 1984

Production de l'Office national du film du Canada,
Service de la photographie
Ottawa, 1984

Hurtig Publishers Ltd.
Edmonton

Hurtig Publishers Ltd.
10560 - 105 Street
Edmonton, Alberta
T5H 2W7

Canadian Cataloguing in Publication Data

Main entry under title:

Contemporary Canadian Photography from the Collection of the National Film Board = Photographie canadienne contemporaine de la collection de l'Office national du film du Canada

Text in English and French.
Photographs from the collection of the Still Photography Division of the National Film Board of Canada.
ISBN 0-88830-264-9

1. Photography, Artistic. 2. Photography—Canada. I. Langford, Martha II. National Film Board of Canada. Still Photography Division III. Title: Photographie canadienne contemporaine de la collection de l'Office national du film du Canada.

TR654.C66 1984   779'.092'2   C84-091380-XE

Printed and bound in Canada by D.W. Friesen & Sons Ltd., Altona, Manitoba
Duotones and colour separations by GB Graphics Photographics Ltd., Winnipeg, Manitoba
Typesetting by The Runge Press, Ottawa, Ontario

© *Office national du film du Canada, Service de la photographie*

Tous droits réservés. Ce livre ne peut être reproduit par aucun procédé, ni en tout ni en partie, sans l'autorisation écrite de l'éditeur. Seules de courtes citations sont permises dans une analyse ou un compte rendu.

Hurtig Publishers Ltd.
10560 - 105 Street
Edmonton, Alberta
T5H 2W7

Données de catalogage avant publication (Canada)

Vedette principale au titre:

Contemporary Canadian Photography from the Collection of the National Film Board = Photographie canadienne contemporaine de la collection de l'Office national du film du Canada

Texte en anglais et en français.
Photographies de la collection du Service de la photographie de l'Office national du film du Canada.
ISBN 0-88830-264-9

1. Photographie artistique. 2. Photographie—Canada. I. Langford, Martha II. Office national du film du Canada. Service de la photographie III. Titre: Photographie canadienne contemporaine de la collection de l'Office national du film du Canada.

TR654.C66 1984   779'.092'2   C84-091380-XF

Imprimé et relié au Canada par D.W. Friesen & Sons Ltd., Altona (Manitoba)
Illustrations deux-tons et séparation des couleurs par GB Graphics Photographics Ltd., Winnipeg (Manitoba)
Composition par The Runge Press, Ottawa (Ontario)

CONTEMPORARY CANADIAN PHOTOGRAPHY
FROM THE COLLECTION OF THE NATIONAL FILM BOARD

PHOTOGRAPHIE CANADIENNE CONTEMPORAINE
DE LA COLLECTION DE L'OFFICE NATIONAL DU FILM

Table of Contents

Table des matières

Malak Cotton manufacturing, Dominion Textile Inc., Valleyfield, Quebec, 1958
Transformation du coton, Dominion Textile Inc., Valleyfield, Québec, 1958

FOREWORD

In the 1940s, I was employed for an entire summer by the National Film Board. The Film Board studio was still in Ottawa at that time, and for me it was an exciting experience to meet and talk with the filmmakers and watch them at their work. Sidney Newman, Guy Glover, Tom Daly, Roger Blais, and Norman McLaren were still young men, myself only a few years older.

All of these men had served and been disciples of John Grierson, the first Commissioner of the N.F.B., who had chosen and inspired them. More than any other individual, Grierson could be called the founder of the documentary. Because he understood that no instrument can be converted into a bigger liar than the camera, he laboured scrupulously to make *his* cameras tell the truth and to tell it in literal terms. Grierson disliked posed photographs and scripted scenes. He encouraged the technique of stealing up on life and catching it unawares and to this day the cameras of his successors seek to do the same.

Grierson was an ordained minister of the Scottish Calvinist Kirk and a rebel against it. He was proud to be called a propagandist for the good cause, but he never got over his Calvinism no matter how hard he tried. The Calvinist (I was raised as one and, I hope, have at least made a partial escape) had great faith in what often has been called "The Common Man." Grierson encouraged his helpers to see life as it is in the actual living of it – the fisherman, the seaman, the farmer, the industrial worker, the trapper, even the barber – to see them working on their jobs.

In my brief time with the N.F.B., I was given a desk in a nine-storey building in downtown Ottawa. I soon realized that I couldn't write scripts unless I saw the real filmmakers on the job, so I spent most of my time with them. There they were, jammed with their equipment in an abandoned sawmill beside the river, close to embassies and the National Research Council.

Now, of course, the N.F.B. has splendidly equipped studios in Montreal, but the philosophy it held at Grierson's time has changed very little. It is still the life of the ordinary citizen that fascinates the N.F.B., and it is this that has fascinated the photographers whose work appears in this book. Off-beat characters caught by the cameras on the sidewalks of cities and small towns, majestic photos of a majestic untamed land – with the intimation that nobody can tame it as nobody really will – Grierson's spirit lives on here. In the best pictures there is an implied story that the viewer must discover for himself. But if there is a planned pattern in this collection, I have not been able to discover it; life unfolds itself haphazardly and truthfully.

This much at least seems clear. The Canada revealed by these pictures, apart from the stunning, impersonal landscapes, is a very different country from the Canada of thirty years ago. That older Canada was more innocent, yet had more inner confidence than the present one. Some of the veterans who had fought the Nazis were still in our universities. We were still thrifty. Hardly anyone had heard of pot, cocaine, or heroin. Our dollar was worth quite a few cents more than the American one at that time. The wild, self-indulgent demonstrations made by long-haired, Spock-marked students were more than fifteen years in the future. Grierson, an old man in semi-retirement, called it "The Children's Crusade." The sexual revolution was imminent, but the Pill had yet to be invented to abet it. The Welfare State was certainly coming, but, with full employment, who needed it except the elderly who had worked for chicken-feed and had chicken-feed pensions? How Canada has changed in the intervening years is revealed by the still photographs that appear here.

By my count, there are one hundred and twenty-eight pictures in this collection. There are almost as many photographers, for only two or three have contributed more than a single photograph. The editors have presented the modern world, and especially Canada, as a pastiche in which individuals live, move, and have (or don't have) their beings in a society held together by no common philosophy, no common bond but the present in which they live.

The first picture is by George Hunter. It shows Professor John Satterly, University of Toronto Physics Department, lecturing on the properties of liquid air in February, 1950. He wears a military tin hat. He holds some kind of a jar in his right hand, and he blows a white cloud out of his mouth. No comment is made.

The next picture is by the superb Sam Tata. A woman with a Russian name, in early middle age, is lying in a cell-like room in Shanghai. On the wall are a few wistful pictures of her loved ones. The resignation in her face is total. We do not know what she fled from, but certainly she is one of the countless millions of unfortunates whom twentieth century bureaucrats have docketed by that horrifying expression, "displaced persons."

Soon after this comes a picture by Marcel Cognac with no more title than *Montréal (Québec)*, 1957. The scene is a tavern, of which Montreal has and has had many. A man in his late thirties, his lust cold and I would guess not too

potent, is reaching to kiss a large woman whose back is to the camera. He has been drinking from a large bottle of Dow's beer, she of Molson's Export. Between them is an ashtray filled with the butts of Export cigarettes.

Tom Gibson's *San Miguel, Mexico*, 1968, shows a room in a bare adobe hut, a woman nursing a baby, a boy of about twelve practising the violin. No comment. Just the reality of the room, the baby, and the small boy who loves music and hopes to use it as an escape from the world in which he lives.

Ted Grant captures a delightful scene in Ottawa in 1961 when Prime Minister David Ben Gurion of Israel was on a state visit to Canada. He is inspecting the Guard of Honour, huge men rendered still larger by their bearskin helmets. They are so huge that all we can see of the great Ben Gurion, a physical pigmy compared to those expressionless and respectful giant-soldiers, is a shock of white hair well below the chin of the nearest soldier, who is at rigid attention in his honour.

There is a scene included, in colour, of fishermen returning to a tiny Nova Scotia outport with the ocean vast and merging with the sky behind them. It is a beautiful illustration of the value of men on the job. Behind the leading fishing boat are two other boats holding their catch. The vast sky is united with the vast ocean. The men are going home, and a swarm of gulls is screaming over the boats containing their catch.

John Reeves gives us a picture that tells a story. The title is *Bridegroom and his mother*, 1962. The groom is already growing bald. He wears his best suit. His aging mother is clutching him with a frantic possessiveness and from his desperate smile he is clearly hoping for the best.

George Thomas's *Patrick Tompkins Family, Margaree, Cape Breton*, 1972, is life as I grew up with it and still revisit. There is no lovelier part of Canada than the Margaree Valley in my native Cape Breton. Here the Scotch people, dispersed by the brutal Highland Clearances of the early nineteenth century, found a home in the New World. The farmer with his Highland face, his wife and family on or around their tractor, have just finished the haying. If you asked them what they thought about the twentieth century they would simply stare at you; their way of life is ageless.

But in Laura Jones's *A young family* a different story is implicit. The wife is wistfully hopeful, holding her latest born. The other two children look confused and unhappy, as well they may be. The husband is saturnine with strong features, long hair and a headband, hostile and desperately unhappy. How long is *he* going to stay with what he caused, and what happened to him?

Meanwhile there is the land, the mighty untamed land is also here. Egon Bork's *Peyto Lake, Banff National Park*, 1969, was taken near Edmonton and Calgary, our newest great cities. Of the latter Mordecai Richler remarked that he might be able to talk about it if they uncrated it. But just west of these cities are the Rockies with the wonderful rivers flowing out of them picking up their tributaries on their way to Hudson Bay. The colours and composition of this scene are marvellously beautiful.

Majestic also, and ominous in what it implies, is *Hailstorm south of Calgary on No. 2*, 1974, by Carl J. Tracie. Margaret Laurence has showed us with heart-rending passion what it was like for the exiles who came to live on the prairies and made an attempt to break them. What did that June hailstorm do to the crop that had been planted with labour that year?

Raymonde April shows a truly lovely girl. She was once innocent, and still is brave, and quite, quite sane. In the picture she wraps herself in her own arms and she says, "Et je reste là à regarder la pluie qui tombe. Et nos nuits de Chine, et notre amour, et ce parfum dans l'air moite, disparus avec toi, beau Capitaine?" God bless this young lady. She will survive because she is thinking of more than herself.

I have had a long career now, apparently a successful one, but what artist can ever believe he has succeeded in winning what Malraux called "La Lutte avec l'ange"? However, through my years at McGill and in conversations with thousands of students in colleges and universities across the land, I don't believe I am entirely out of touch with the tremendous social and intellectual changes among the young. A while ago the sociologists talked about The Generation Gap. They should have made it plural.

In this age of rampant technology, social gaps are not measured by generations, but by decades and even by half-decades. I hope, therefore, that I am right in believing that the educated young are now at home with the sexual revolution and that this will mean some kind of social stability at last.

Hugh MacLennan

AVANT-PROPOS

Au cours des années quarante, je travaillai pendant tout un été à l'Office national du film. Ses studios se trouvaient alors encore à Ottawa, et c'était pour moi une occasion rêvée de rencontrer et de discuter avec des cinéastes et de les voir à l'oeuvre. Sidney Newman, Guy Glover, Tom Daly, Roger Blais et Norman McLaren étaient encore tout jeunes, et je les dépassais moi-même en âge d'à peine quelques années.

Tous ces hommes avaient fait leur apprentissage avec John Grierson, le premier commissaire de l'Office national du film. C'est lui qui les avait choisis et qui maintenant les inspirait. Ils étaient ses fervents disciples. Plus que tout autre, Grierson mérite le titre de créateur du documentaire. Conscient que nul instrument n'est plus habile menteur que la caméra, il ne négligeait aucun effort pour tirer la vérité – et la vérité crue – de ses propres lentilles. Grierson détestait les photographies étudiées et les scénarios écrits à l'avance. Il encourageait la technique qui consiste à croquer la vie sur le vif et à la saisir au vol, et jusqu'à ce jour, les caméras de ceux qui l'ont suivi ont été fidèles à cette approche.

Grierson avait été ordonné ministre de l'Eglise calviniste d'Ecosse pour ensuite se rebeller contre elle. Il était fier qu'on l'appelât un apôtre de la bonne cause, mais il ne fit jamais la paix avec ses convictions, quels que fussent ses efforts.

Les Calvinistes – j'en suis un moi-même mais j'espère m'en être au moins partiellement libéré – avaient grande foi en ce qu'on a souvent appelé "l'Homme ordinaire". Grierson encouragea ses disciples à saisir la vie telle qu'elle se déroule dans sa vérité propre – le pêcheur, le marin, le fermier, l'ouvrier à l'usine, le trappeur, même le barbier – tous à l'oeuvre dans leur cadre naturel de travail.

Au cours de mon bref passage à l'Office national du film, j'eus un pupitre à mon usage au neuvième étage d'un édifice situé dans le centre-ville d'Ottawa. Je me rendis vite compte qu'il m'était impossible d'écrire des scénarios à moins de voir les cinéastes à l'oeuvre, ce qui fait que je passai bientôt le plus clair de mon temps avec eux. Ils s'entassaient avec leur matériel dans une scierie abandonnée en bordure de la rivière, tout près des ambassades et du Conseil national de recherches.

Aujourd'hui, bien sûr, l'Office national du film possède des studios magnifiquement aménagés à Montréal, mais l'esprit qui l'animait à l'époque de Grierson est resté sensiblement le même. C'est toujours la vie du citoyen ordinaire qui fascine l'O.N.F., et c'est aussi cet aspect qui a fasciné les auteurs des photographies représentées ici. Personnages typiques saisis au vol par les caméras sur les trottoirs de métropoles ou de petits villages, photos majestueuses d'une terre majestueuse et sauvage — qu'on devine non apprivoisée parce qu'on sait très bien que personne ne s'y risquera jamais – oui, c'est bien l'esprit de Grierson qui survit ici. Les meilleures photos suggèrent une histoire qu'il appartient au public de découvrir. Cependant, s'il existe une idée directrice dans ce florilège, j'avoue qu'elle m'a échappé: la vie nous est dévoilée au hasard et dans toute sa vérité.

Il ressort de tout cela une conclusion qui, au moins, semble claire. Le pays qui nous est révélé dans ces photos, mis à part les paysages étonnants, comme impersonnels, est un pays très différent de celui d'il y a trente ans. Le Canada, tel que nous le connaissions autrefois, était plus naïf, certes, mais cependant il avait davantage foi en lui-même que celui d'aujourd'hui. Quelques-uns des vétérans qui avaient combattu les Nazis étudiaient encore dans nos universités. Nous n'avions pas encore perdu le sens de l'économie. Pratiquement personne n'avait entendu parler de marijuana, de cocaïne ou d'héroïne. A cette époque, notre dollar dépassait de plusieurs cents la valeur du dollar américain. Les manifestations folles et complaisantes auxquelles se livreraient des étudiants à longue tignasse, élevés selon les critères du docteur Spock, attendraient encore quinze ans avant d'éclater. Grierson, alors un vieillard à sa demi-retraite, les appellera "la Croisade des enfants". La révolution sexuelle était imminente, mais il restait encore à inventer la Pilule qui l'encouragerait. L'âge du Bien-être social était à nos portes, mais avec le plein emploi qui prévalait alors, qui donc en aurait eu besoin hors les personnes âgées qui, toute leur vie, avaient travaillé pour un salaire de famine pour ensuite "jouir" aussi d'une pension de famine? Les transformations profondes qu'a subies le Canada au cours des années intermédiaires nous sont révélées par les photographies de cet ouvrage.

Si mon compte est exact, cette collection comprend cent vingt-huit photographies pour presque autant de photographes, car seuls deux ou trois soumettent ici plus d'une oeuvre. Les éditeurs nous présentent le monde moderne – et en particulier le Canada – comme un pastiche dans lequel des individus vivent, agissent, existent ou font semblant d'exister dans une société unie non pas par une commune philosophie, ni par un lien commun, mais uniquement par le présent dans lequel ils vivent.

La première oeuvre est signée George Hunter. Elle représente le professeur John Satterly, du département de Physique de l'Université de Toronto, en train de donner un cours sur les propriétés de l'air liquide en février 1950. Il est coiffé d'un casque militaire en fer blanc, tient un flacon quelconque dans sa main droite, et projette une volute blanche de sa bouche. Aucun commentaire n'est fait.

La photographie suivante est l'oeuvre du merveilleux Sam Tata. Une femme d'âge moyen et au nom russe est étendue dans une chambre qui a plutôt l'aspect d'une cellule, à Changhaï. Sur le mur, quelques photos à l'air songeur d'êtres chers. La résignation qu'on lit sur son visage est totale. Nous ne savons pas de quel enfer elle s'est échappée, mais nous devinons qu'elle fait sans doute partie de ces innombrables millions d'infortunés que la bureaucratie du vingtième siècle a étiquetés sous l'horrible expression de "personnes déplacées".

Un peu plus loin, nous trouvons une photographie signée Marcel Cognac. Le titre en est bref: *Montréal (Québec)*. La scène est une taverne, une denrée peu rare dans le Montréal d'hier et d'aujourd'hui. Un homme dans la trentaine avancée, le désir froid et sans grandes promesses (du moins, je l'imagine!), se penche pour embrasser une lourde femme dont le dos est à la caméra. On constate qu'il a bu à même une grosse bouteille de bière Dow, tandis qu'elle préfère la Molson Export. Entre eux, un cendrier rempli de mégots de cigarettes Export.

Tom Gibson, dans "San Miguel (Mexique)", nous montre l'intérieur misérablement meublé d'une hutte de terre. Une femme allaite un bébé tandis qu'un garçon d'environ douze ans pratique le violon. Aucun commentaire: seulement la réalité crue de la pièce, le bébé et le jeune garçon qui aime la musique et espère qu'elle l'aidera à échapper au monde dans lequel il vit.

Ted Grant a croqué sur le vif une scène amusante qui se déroula à Ottawa, en 1961, alors que le Premier ministre d'Israël, Ben Gourion, vint en visite officielle au Canada. On le voit en train de passer en revue la garde d'honneur, composée d'hommes très grands rendus plus statuesques encore par leurs casques en peau d'ours. Ils sont si imposants que tout ce que l'on distingue du grand Ben Gourion, un pygmée au sens physique du terme, lorsqu'on le compare à ces géants à l'allure imperturbable et respectueuse, est une toison de cheveux blancs qui apparaît loin sous le menton du soldat le plus rapproché qui se tient au garde-à-vous en son honneur.

Nous trouvons aussi dans cet album une photo couleur de pêcheurs rentrant à leur minuscule port d'attache de la Nouvelle-Ecosse, le vaste océan se confondant derrière eux avec le ciel. Cette photo illustre magnifiquement la richesse que représente l'homme au travail. Un premier chalutier est suivi de deux autres avec leurs prises. L'immensité du ciel se confond avec l'immensité de l'océan. Les hommes rentrent au foyer, tandis qu'un essaim de mouettes piaille au-dessus des embarcations contenant les poissons.

John Reeves, quant à lui, nous offre une photo anecdotique. Elle est intitulée: "Le marié et sa mère". Le marié au crâne déjà dégarni a revêtu son plus beau costume. Sa vieille mère le serre contre elle dans une étreinte éperdue et possessive, tandis que le sourire désespéré de son fils nous dit sans équivoque possible qu'il souhaite un sort meilleur.

L'oeuvre de George Thomas intitulée "La famille Patrick Tompkins, Margaree (Nouvelle-Ecosse)", illustre la vie qui m'a vu grandir et celle que j'ai toujours plaisir à retrouver. Je ne connais pas de plus belle région au Canada que cette Vallée de la Margaree, au Cap-Breton. C'est là que je suis né et là aussi que trouvèrent refuge au Nouveau-Monde les Ecossais chassés de leur terre natale par la brutale dispersion du début du dix-neuvième siècle. Le fermier qui a les traits typiques d'un habitant de la Haute-Ecosse, sa femme et sa famille groupées autour de leur tracteur viennent tout juste de finir les foins. Si vous leur demandiez ce qu'ils pensent du vingtième siècle, ils se contenteraient de vous regarder sans répondre. Leur mode de vie n'a ni âge ni époque.

La photo de Laura Jones intitulée "Une jeune famille" raconte implicitement une toute autre histoire. L'épouse à l'expression pensive et cependant pleine d'espoir tient dans ses bras son dernier né. Les deux autres enfants ont l'air perdu et malheureux, ce qui n'a rien pour nous surprendre. L'époux à l'allure sombre a des traits forts, des cheveux longs et un bandeau autour de la tête. Il affiche une expression hostile et désespérément malheureuse. Combien de temps demeurera-t-il encore avec ce qu'il a causé, avec ce qu'il est advenu de sa vie?

Mais il y a aussi la terre, la terre puissante et non apprivoisée, et on la retrouve aussi dans ce livre. L'oeuvre d'Egon Bork intitulée "Lac Peyto, Parc national de Banff" fut prise aux environs d'Edmonton et de Calgary, nos plus récentes métropoles. Incidemment, Mordecai Richler fit remarquer au sujet de cette dernière qu'il en parlerait peut-être si seulement on s'avisait de la déballer! Tout juste à l'ouest de ces villes, cependant, se dressent les Rocheuses avec les merveilleuses rivières qui en jaillissent et qui entraînent avec elles leurs tributaires dans leur course vers la Baie d'Hudson. Le coloris et la composition de cette scène sont magnifiques.

Une autre photo intitulée "Tempête de grêle au sud de Calgary, sur la N°2'', par Carl J. Tracie, est tout à la fois majestueuse et menaçante par ses implications. C'est la romancière Margaret Laurence qui illustra de façon pathétique la vie des exilés qui vinrent habiter les Prairies pour tenter de les défricher. Quels ravages destructeurs sema donc cette tempête de grêle qui s'abattit en juin sur une récolte plantée à sueur d'homme?

Raymonde April, quant à elle, donne vie à une ravissante jeune fille. L'innocence de l'enfant qu'elle fut n'est pas encore loin, aujourd'hui on la devine courageuse et très saine. Sur la photo, on la voit enveloppée de ses propres bras tandis qu'elle murmure: "Et je reste là à regarder la pluie qui tombe. Et nos nuits de Chine, et notre amour, et ce parfum dans l'air moite, disparus avec toi, beau Capitaine?'' Que Dieu bénisse cette jeune fille. Elle survivra parce que son regard se porte au-delà d'elle-même.

J'ai maintenant une longue carrière derrière moi, et selon toutes apparences, elle fut couronnée de succès. Mais quel artiste peut jamais croire qu'il a gagné le pari que Malraux appelait "La Lutte avec l'ange"? Cependant, grâce à mes années d'enseignement à McGill et à d'innombrables conversations avec des centaines d'étudiants dans nos collèges et nos universités à travers le pays, je crois être assez bien au courant des extraordinaires changements tant sociaux que culturels chez les jeunes. Il y a quelque temps déjà, les sociologues se mirent à nous parler de l'écart des générations. Il aurait fallu tout mettre au pluriel.

A notre époque marquée par une technologie effrénée, les écarts culturels ne sont pas mesurés par des générations, mais bien par des décades ou même encore, des demi-décades. C'est pourquoi il me semble avoir raison de croire que les jeunes sont maintenant à l'aise avec la révolution sexuelle et qu'une certaine stabilité sociale devrait enfin en découler.

Hugh MacLennan
traduit de l'anglais par
Louise Gareau-Des Bois

George Hunter Festival international des écoles de musique, Montréal, 1947
International Festival of School Music, Montreal, 1947

INTRODUCTION

Forty-five years of Canadian photography — portraits, landscapes, nature studies, industrial and architectural renderings, social documents, conceptual pieces, and installations — have figured prominently in the history of the National Film Board. Generations of Canadians have grown up on its images. First seen in weekend newspaper supplements, documentary photographs now make their way into schoolbooks. Seasoned editorial photographers, who got their first break with an N.F.B. assignment, are currently the focus of retrospectives. The Centennial books, popular and accessible when first published, are now admired by collectors. The N.F.B. has been instrumental in promoting the inherent value of the photograph. Today's Canadian documentary and expressive photographers are equally recognized in exhibitions and publications seen across the country and around the world.

The National Film Board of Canada has published and internationally circulated photostories, award-winning commemorative books, photographic monographs, catalogues, and an illustrated newsletter publicizing its activities. Since 1967, it has launched quarterly exhibitions from its Photo Gallery in Ottawa, afterward placing these shows on its extension program, which has coordinated an average of one hundred loans a year since the service was organized fifteen years ago.

Since the Second World War, the National Film Board has played a principal role in photography in Canada, both from the point of view of culture and of information. The centre of all of its activity has been a small group of people, working now for more than twenty years from a four-storey building, remarkable mainly for its orange panels, in a federal government office park called Tunney's Pasture. The Still Photography Division has received widespread public acclaim for its picture books and hundreds of exhibitions.

What has perhaps been overlooked and what can now, with the publication of this anthology, begin to be appreciated is the legacy of the Division's work: the National Film Board's collection of contemporary Canadian photography. Not by accident, though not entirely by design, the Division has gathered one of the country's most comprehensive resources of modern Canadian expression. The origins of this valuable collection and the pleasures of communicating through photography will begin to be uncovered by this book.

The National Film Board of Canada was invented by British documentary film-maker John Grierson, who worked in Canada during the Second World War. The Film Board was established in 1939 to direct all forms of what Grierson, without prejudice, called propaganda. This meant educational, trade publicity, departmental, and nationalistic films. Work was to be commissioned by this creative centre from independent producers or from the existing Canadian Government Motion Picture Bureau, then under the Department of Trade and Commerce.

The Film Board took control of the whole Motion Picture Bureau in 1941. In the process, it gained a team of photographers and darkroom technicians that were serving under the Stills Division. Their role was to record tourism, trade, and handshakes – all the photo opportunities that government could afford. The war, with its rapid reorganizations, and the enthusiasm of Grierson's new recruits soon changed the Division's habits. The Stills Division of the Wartime Information Board was joined with that of the Film Board. New campaigns using pictures and text were devised for the home front. Grierson's vision of education as "a deliberate social instrument… holding citizens to the common purpose" translated into displays for factories and for schools.[1] A graphics section supplemented motion picture releases with posters and publications. While all of this activity was seen only as an adjunct to film, Canadian photographers were getting out into the field, documenting the real war effort, while they went about making their stills. The informational role of the photograph was beginning to be exploited. Its distribution would continue after the war with the Division's production of photostories for domestic and foreign publications.

The rise and fall of the picture magazine is a familiar story of heroic photojournalists and grass roots-minded editors whose bosses lost an economic battle to the on-the-scene seduction of TV. The photostory was, however, immensely popular in its day. It covered with freshness and intimacy the world's return to normality after the war and boosted the emergence of post-war industry, cultural events, and personalities. There was particular emphasis on the average citizen whose opinions and contributions were praised, and whose ordinary family life made the news.

The photostories produced by the National Film Board were adapted from this commercial model to the information requirements of the nation. The tone was cheery, the pictures were clever, and the subject was Canada. The form of the photostory changed but, in its final version, newspaper editors previewed a complete picture layout with captions and brief texts arranged in a half- or full-page format, proof-printed on a rotogravure press. Alternate pictures, an alternate or supplementary text, and a card with which to order camera-ready or plate-maker's materials completed the package. Editors were then free to use the whole story or its parts in weekend supplements or on the feature page.

The Film Board handled Canadian distribution directly, while foreign presses and news services were cultivated by the Department of External Affairs. As late as 1968, user costs were being kept to between $2.50 and $9.00 per insertion, depending on the paper's circulation. The Division's production rate was brisk: the initial schedule of twenty-six releases per year was even increased for a while to one per week. International distribution required that German and Spanish versions be produced from the English or French original texts. At the same time, the Division was occupied with the coordination of assignments for other government departments and, with diminishing demand, the stills and storyboard images required by the motion picture and filmstrip units of the N.F.B. All that shooting, hundreds of thousands of photographs by such luminaries as Harry Rowed, George Hunter, Chris Lund, Gar Lunney, Richard Harrington, and Guy Blouin, became part of the N.F.B. stock library, filed among the photos of scenic views, handshakes, and heads of state.

In an interview shortly before his death in 1983, Chris Lund, longtime staff photographer and one of the originators of the Division's photostory form, called the shooting of the early days "stilted."[2] That may have been a bit harsh. The work was certainly stylized, with the same limitations applied to every project, big or small, technologically complex or human-scaled and straightforward. Five or six captioned tableaux were accompanied by a narrative. Subjects were researched and a shopping list of shots was developed before the assignment was given. While the continuity and final outlook of the story would be determined by writers and editors, they were not normally present on the scene. The photographer, in the end, was the actual witness and controlled the images that could be chosen for the final report. That key shot devised to grab the reader and capsulize the theme was his or her personal signature.

For Lund, the key shot was an unusual vantage like the "mouse eye view of the scientist" or a tricky double exposure. Other photographers were more obvious, featuring a child or a pretty girl. In "Lowly Broom Now $16 Million Canadian Industry," Jean Gainfort Merrill climaxes his instructive piece on broom manufacturing with a kitchen portrait of a mother and her tiny daughter, each fitted with a broom, one regular size, one tiny. The actual scenes of manufacturing only lead up to this homey conclusion. Richard Harrington seemed to favour an intro shot that would summarize the environment before closing in for candid portraits or conventional reportage. The photographer's approach gave the photostory a subjective interpretation which could be amplified or balanced by the tone of the text. Authenticity of player and prop was important, but only for the purpose of audience identification. Verisimilitude would often suffice.

In this period, the N.F.B. photography is less often documentary than it is editorial, didactic, or promotional in style. Two examples illustrate the difference.

In "Compulsive Drinkers, 16 in 1000," Gar Lunney presents, filmstrip-style, in six frames, the problems of alcoholism. Its prevalence and manifestation in society and the "3-pronged attack" of research, treatment, and education are all illustrated. The first picture is taken out-of-doors, from the top of the porch stairs, as though through the eyes of a wife watching her drunken husband being helped home by the archetypal stalwart cabby. The lurching man's identity is concealed by the generous brim of his white hat. Then, in the rectory office, a priest, seated facing the camera, counsels the image of the long-suffering wife, who is seen only from behind. Her baby, held on the woman's shoulder, stares straight at the reader, his face in the centre of the frame. Serving as an emotional pause, the next photo shows a test rat being force-fed alcohol by a scientist. Then back to the script: the shot is from the floor, toward the hands that fill the glass from the bottle, which has been pulled from its hiding place in the drawer. Again, anonymity is preserved for the protagonist, who furtively glances away from the camera, perhaps toward the door. Next, we go to the jail cell, where an abject youth, head in hands, is being lectured on the evils of whiskey by a suited man, one of the "educators, doctors or social workers" attempting to prevent the spread of alcoholism. Finally, a woman patient, seen only in partial profile, interprets an ink blot for a psychologist who sits poised to note her response. The caption tells us that one in seven alcoholics is a woman. She, unlike her male counterpart, is seen in

treatment, not in degradation. The captions are all of a general nature and none of the characters or scenes are necessarily related, nor do they require connectives to make the message clear. By presenting the reader with the statistical average, the information that the "typical" alcoholic is "in the productive years between 35-45, above average in intelligence and education, married with 2-3 children," the characterizations and detail of these scenes become enough of a reality for the reader to handle. The pictures are pure theatre and they look it. They communicate a general warning that is sad but not shocking, with no real victims and no real tragedy to overshadow the story's fundamental message of hope through society's channels of intervention.

In "Canada's Spring Log Drive Underway," Malak's photo reportage falls short of the accepted definition of documentation by the breezy chauvinism of the captions and the incidental, almost comic role of the seasonal workers depicted. The key exposure, a fine one, is made on the Gatineau River where a huge expanse of pulpwood logs waits to be jostled downstream by the "husky 'draveurs'." The next shot shows an animal carcass being hustled into the cookhouse for those "healthy appetites and hearty meals." Then an action scene of logs being dynamited, and finally three shots of the men. In the first, "A river man surveys a calm stretch of the drive on the Gatineau River." His pole rests on his shoulder while three men, silhouetted in the distance, tap at the logs. The second shows the men finishing their "hearty meals" with steaming mugs of coffee. The third shows two men Indian wrestling, a "favourite sport of cutters and drivers relaxing in the bunkhouse." The actual labour of the camp is virtually ignored, as are its dangers. The opportunity to show individuals drawn to an unusual occupation is lost to the lure of illustrating the photostories' shared themes: glowing statistics on employment, capital investments, export policy, and the G.N.P. Who were all the men? We'll never know.

Chris Lund From the photostory *Made In Canada*: Reliable Toy Company, Toronto, 1956
Extrait du reportage "Fait au Canada": Reliable Toy Company, Toronto, 1956

The photostories nevertheless tell us a great deal about society, particularly its priorities and attitudes, which were demonstrated if not explained by the selection of themes and their treatment. In 1951, multiculturalism was as foreign a concept to most Canadians as Mah-Jongg, seen played by elderly shopkeepers and gardeners from the Chinese-Canadian community centred in Vancouver. Gar Lunney's exploration of that community showed both modern and traditional practice – a Chinese-Canadian surgeon, Dr. F.S. Chu, contrasted with herbalist Tve Chee. The bias of the piece favours assimilation, minimalizing differences or interracial fears and stressing that for the youngsters, "the roots are down – they are at home in Canada." From this and many other well-intentioned cultural reports, we are able to understand better the kinds of tensions that might have existed under an old-fashioned order of condescension. We might ask ourselves why the government felt the need to push assimilation, or whether this was the average point of view. With modern enlightenment, certain somewhat distasteful social, sexual, and political attitudes can be spotted among the flattering views and positive prattling of the text. N.F.B. photostories can reliably be assumed to reflect a point of intersection between the nicest common sentiments and sanctified legislative response. Though the N.F.B. did not speak officially for government, the agency did owe its survival and fitness to the state.

When founded, the National Film Board was to have an arm's length relationship to government, guaranteeing it autonomy in its filmic and photographic chores. During the war, the patriotic path was the same for everyone but in the recovery, the role of the agency was a lot less clear. In 1949, following a hot period of Parliamentary debate and vigorous attacks in the press, the Board set down the parameters of its mission in its brief to the Royal Commission on National Development in the Arts, Letters and Sciences: "The National Film Board, in performing its function, has interpreted the national spirit as it has revealed itself not only through government, but through individual and community action in response to local, national and international needs and in moral and aesthetic as well as political fields."[3] An analysis of the impact of the last three forces – morality, aesthetics, and politics – on the image-making at the N.F.B. is a complex task, far beyond the scope of this introduction and greatly dependent on anecdote and speculation. We may, however, begin to sample the issues by considering the following.

During the political tempest that led up to the royal commission, the N.F.B. was harangued for socialistic tendencies while the Still Photography Division was singled out for charges of unfair competition with private concerns. The complaint came from commercial photographers, many of them veterans, who found their livelihood threatened by the federally subsidized presence of N.F.B. photographers in businesses and factories across the land. In most cases, the N.F.B. was on site to make a photostory. Once completed, the entire shoot would be deposited in the N.F.B. stock library whose associate lab offered reprints to anyone at cost. Many factory owners happily placed their orders, drying up sources of income for their own local photographers and labs.

It is interesting to note that defenders of free enterprise seemed equally indignant at the discriminatory actions of the N.F.B. in not visiting *all* factories, thus depriving other owners of this subsidized photographic resource. Specific policies regulating the commercial activities of the government's photographic lab can be traced to that period. The effect of the controversy on the photostories or on the contents of the library is far less conclusive. Less editorial attention may have been paid to secondary industry, with more emphasis being placed on natural resources, tourism, social programs, education, culture, and the ubiquitous "changing times."

Although there are outstanding exceptions, the photostories from the late 1940s and 1950s are lacking in illustrations of manufacturing and processing, both of which sources offered valuable photographic and educational potential. The human angle shaping most of the photostories may account for this, or it may have been a natural wariness of rubbing the private sector of business the wrong way, as the N.F.B. was being investigated because of alleged socialist sympathies. At the same time, budgets and positions were being slashed. Audience response and active circulation were important to the survival of the program. The Division's partner in distribution was External Affairs, whose communication strategies were well researched to reflect the interests of foreign feature and travel desks. Canada, the natural playground, or Canada, the endless source of trout and ore, or Canada, the living museum of traditional lifestyle and craft, were without a doubt of continuous appeal. It might be expected that the photostories, as government sponsored publications, would ignore poverty, unemployment, inequality, and general unpleasantness excepting, perhaps, "disasters," more remarkable for the heroism than for the despair that accompanied them. Curiously though, even as the negative aspects of Canadian society were played down or excluded, some of its more positive ones, such as small signs of prosperity and growth, were also ignored. These were apparently thought to be the concern of commercial enterprisers. As some of these professional photographers and a young crop of amateurs began selling their work to the Board, a better picture of Canada would begin to emerge, but press photographs, even from the weeklies, would never take a large part.

The first overview of the assignments and acquisitions of the Division was organized by Norman Hallendy in the early 1960s as a marketing tool for the library. All those years of shooting, filed under such intriguing titles as "Canada's Flying Farmers" and "Rough Logs to Lacy Lingerie," were re-edited and catalogued according to image content and illustrative usefulness, then cross-indexed by a library system for easy retrieval. The coding of the images was not changed. The chronological acquisition file and, in the main, the integrity of the original selection from the contact sheets were preserved. Later divisions of the collection would not be so kind.

The first selection of 3,500 images was published in 1963 as the *Canadian Picture Index*. Subsequent editions, four in all, would each contain 1,500 entries. Scanning these indexes provides a good sense of the development of the collection up to 1960 as well as a general idea of prevailing tastes in photography, especially within the Canadian fields of publishing and public relations. It also reveals the definition of Canada that governed the Division's work. What is lost to the viewer is context, to the point of the omission of the photographer's name. No credits appear in the indexes, although one assumes that they went out to the user with the full caption and finished print. The objectives and actual subjects of the source assignments are also unclear. One photograph, slotted under *Miscellaneous*, appearing on a page dominated by dogs and posing raccoons, and whose caption reads "Poodles, Montreal, Quebec," has been pulled from a photostory on Canada's most famous fashion model. She's the one at the other end of the leash. Under *People*, we find a number of tobacco workers, caught in very expressive poses. These are stills from a famous N.F.B. film, "The Back-Breaking Leaf." Under *Architecture*, we find a night shot called "Corner store, Quebec" extracted from the shooting for a documentary film on Montreal at night.

In its time, Hallendy's work was an enormous contribution: the collection of the N.F.B. existed to be used. It was meaningless to its caretaker institution without public interest and a continual call for its application. The reorganization of the collection improved access to the information and photo illustration services of the N.F.B., helping circulation figures grow.

In 1984, the staff of the National Photography Collection of Public Archives Canada, custodian of all N.F.B. negatives prior to 1962, has nearly completed the massive task of restoring the original order of these first assignments. The Archives's own system will also index by content, but the work of individual photographers will be distinguishable and traceable through the whole. The Division has already begun to use its exhibition program to continue to explore this period, one of tremendous vitality and experimentation. The early photographic assignments of the N.F.B. – the portraits, the propaganda, the records, and the reportage – comprise a treasury of social attitudes and historical data. They supplied, as well, the base for the initiatives of the 1960s when the Division's work began to separate itself from Grierson's activist agenda.

The functional and philosophical reorientation of the 1960s is neatly bracketed by two events: the appointment in 1960 of Lorraine Monk as head of the Still Photography Division, and the creation in 1970 of Information Canada, a central federal communication pool that was short-lived but radical in its effect on the N.F.B.

It was a decade of opportunity and production: a small photographic clearinghouse turned out three best-selling books, did a major display for a world's fair, opened a photographic gallery that launched twelve exhibitions and six *Image* books, and started an extension program aimed at making contemporary Canadian photography common knowledge from coast to coast. For the photographic arts in Canada, the 1960s were a coming of age. There was a growing recognition of photography by major museums and granting organizations, the introduction of photographic education to colleges and universities, the commercial popularization of the medium, and a rich influx of photographic stimuli from abroad.

The National Gallery of Canada's photographic collection was begun in 1967 by James Borcoman, who became its curator under the direction of Jean Sutherland Boggs. An evaluation of the Gallery's holdings, written by Peter C. Bunnell, was published in *artscanada* in 1974, as part of a special issue on photography. In it, Bunnell reviewed the program that had laid the groundwork for the National Gallery's bold commitment to the collection of photography:

> In 1957 the Gallery began again to hold exhibitions on a regular basis but these were generally drawn from other institutions. They were such exhibitions as Steichen's *The Family of Man*, Cartier-Bresson's *The Decisive Moment*, *The Photographer and the American Landscape*, and of works by J.-P. Morisset, Donald Buchanan, Yousuf Karsh, Arnold Newman, Robert Capa, Philip Pocock, Roloff Beny, Jacques Lartigue, Walker Evans and others.[4]

Bunnell described the seven-year-old collection as "remarkable," and gave credit for it to the Gallery's policy – "to collect work of international stature in the medium without concentration on any nationality and to represent fully the unfolding of the history of photography since its beginning in 1839" – and, of course, to the energy and scholarship of Borcoman himself.[5]

The Public Archives, already mentioned for its care of N.F.B. material, had been collecting photographs since 1907. In 1964, a separate section was established under the picture division to carry out this activity. It was given explicit responsibilities to preserve Canadian photographic history as manifested in public and private documents.

By the end of the decade, photographic collection had attracted the attention of the officials of the Treasury Board who studied the mandates of these three federal agencies to ensure their harmonious coexistence and the avoidance of duplication. The N.F.B.'s role as official collector of contemporary Canadian photography was confirmed at that time.

Other supporters of the medium were emerging. The Canada Council extended its program of assistance to photography and experimental film. Outside the public sphere, Philip Pocock organized a stellar advisory committee that included Robert Doisneau, L. Fritz Gruber, Yousuf Karsh, and Beaumont Newhall to assemble *The Camera as Witness*, an international exhibition of photography for EXPO 67. Even earlier, books as different as Donald Buchanan's *A Nostalgic View of Canada* and *The New City: a prejudiced view of Toronto*, a collaboration between photographer Henri Rossier and writer Pierre Berton, had expanded the possibilities of publication. Pictures still ruled the magazines. The photograph was being received by an increasingly appreciative audience of practitioners, amateurs, and admirers who, in the patriotic fervour of the Centennial decade, were ready to find talent among their own. The Division's imaginative projects and championship of the Canadian photographer were to fall on fertile ground.

In January 1969, Lorraine Monk reviewed her tenure as Executive Producer in a paper presented to the N.F.B.'s Board of Trustees. She had begun, she reminded them, with a staff of ten, a budget of $85,000, and floor space of 3,000 square feet. The Division maintained the inherited roster of photostories, assignments, and library, but it had also moved with the times. It expanded its program description to include words like "exhibition," "publication," "fine printing," "gallery," and "crisis," which was how she summed up the current state of photography within the Board. That Lorraine Monk was able with effect to lecture the trustees was due, in no small part, to her hard work for the success of her three recent books: *Canada/A year of the land*, *Stones of History*, and *Call them Canadians*, commissioned as Centennial projects from generous federal allotments.

These books were landmarks in Canadian publishing, and acclaimed for their high levels of craftsmanship and creativity. Their introduction set a new course for the Division as a producer of commemorative picture books, an institutional career path that would reach its summit at the American Bicentennial some nine years later. Ironically, Lorraine Monk's first impulse had been toward exhibition: her twin themes of people and the land had originally been put forward as touring exhibits, only to be turned down for lack of funding. Demands by galleries for framed versions of the Centennial books were soon to lead her back to exhibitions. Publications and galleries would continue to alternate in her planning but Lorraine Monk's editing of picture books remains her forte.

The three books that came out in the 1960s are, on the surface, quite different from each other, although prevailing tastes in typography and layout lend a homogeneous look to the contents. It was the era of the "full bleed," pictures shown without borders, printed to the edge of the page. *Canada/A year of the land* is the best known and the largest of the Centennial trio – horizontal in format, the book measures 15½″ × 12¼″, a challenge to binder and reader alike. The images are highly romantic: misty fields and amber horizons, distant livestock and close-ups of flowers, boats and their reflections, striated wheatfields and maple leaves of every conceivable hue. Two hundred and sixty photographs, most in colour, are divided by Bruce Hutchison's imaginal text in the English version and the writing of Jean Sarrazin in the French. The landscapes are studies in solitude – few human forms disturb the viewer's private communion with nature. With the express permission of the text, with captions and credits located at the back and secure in the knowledge that this is Canada, apprehended through Canadian eyes and composition, the viewer is encouraged not to share but to appropriate these stirring visions. The photographers are benevolent by their silence.

Stones of History strikes a different chord, grounded as the above in a national sense of ownership but boldly exclusive in its photographic aplomb. These are our monuments, but photographed as never before by men who know how. Chris Lund and Malak divided this assignment to document the Houses of Parliament. Lund did all the interiors and the exterior in black and white, while Malak concentrated on the pastel vistas that frame and somewhat soften the report. The richly worked surfaces of this Gothic structure were a formidable challenge, almost always met with finesse by the resourceful Lund. Confederation Hall, sober and still, mocks our knowledge of Lund's technical manoeuvres as he moved about in front of the camera, during the exposure, systematically delineating the nooks and recesses with bursts of electronic flash. The Memorial Chamber, among one or two others, may be somewhat overstated, with distorted angles and bowed columns, but generally the technique is as invisible as Lund himself. The photographic essay is accompanied by a brief history and description of the architecture. The individual photographs are put in context; the subject further explained. Puzzlingly, the book's introduction seems not to acknowledge its role in historical or architectural terms, calling the work "simply a photographic essay – an intimate probing by the camera into the furthermost places, to explore and reveal hidden detail, to capture and record its changing moods."

Such hints of a Division uneasy in its informational function are also evident in the preamble to *Call them Canadians*, which breaks with the explicit purpose of its antecedents, the photostories, by stating that:

> …the book deliberately refrains from identifying people by their geographic locale or ethnic origin for this is not a socio-economic study or a statistical review of Canadians. There is not even a record of where the photograph was taken. It does not matter. The photographic moment alone is supreme.[6]

The book, like its companion pieces, was done in two language versions but with an interesting difference. One might argue that there were actually four Centennial publications: the first, *Stones of History*, a.k.a. *Témoin d'un siècle*; *Canada/A year of the land* and its French counterpart, *Canada du temps qui passe*; *Call them Canadians*, with poetry by Miriam Waddington and design by Leslie Smart, and finally, *Ces visages qui sont un pays*, introduced and captioned by Rita Lasnier and designed by Pat Gangnon. The last two books share many elements but they are really very different, separated partly because of their design and choice of pictures but also in the fact that *Ces visages qui sont un pays* astonishingly credits each photographer right under the picture. In *Call them Canadians*, friends of photography found much to admire from the portfolios of Michel Lambeth, Lutz Dille, Michael Semak, Pierre Gaudard, Edith and Guenter Karkutt, John Max, and Nina Raginsky, but attribution was largely guesswork. The N.F.B. registrar holds the secret in her annotated volume. Suddenly, in this French-language edition, the photographer is given credit. The important step of identifying and recognizing the artist has been taken, and would be repeated in most of the *Image* series. Finally, in the *Signature* series, a whole book would be devoted to each person's approach to communication through photography.

Call them Canadians and *Ces visages qui sont un pays* honoured a different persona, the one before the camera, caught in an expressive gesture or an incongruous setting, the decisive moment or the tender one – all the humours of "a country too wide to be single in."[7] There are many good photographs in these books, now long out of print.

Publication had been proven successful and continued to be an important part of the Division's program. Of the first eight exhibitions produced for the Photo Gallery on Kent Street in Ottawa, seven were photographic versions of material that had gone or was going into print. The current concept of exhibiting a photographer's valuable signed prints was not of those times. In fact, the Photo Gallery was justified to N.F.B. management as a marketing device, a showcase for the Canadian Government Photo Centre, which contributed by underwriting the cost of the track lighting. The inaugural exhibition at the gallery was *Canada/A year of the land*. Then, between 1967 and 1970, only one show out of seven was not an *Image*; that being J.-P. Morisset's *Les arts traditionnels du Québec* accompanied by a short visual essay on Mexico, printed (and gold toned!) by the lab from Pierre Gaudard's negatives. The rest comprised the first six numbers in the unpretentious *Image* series of small (9″ × 8½″) paperback books that dealt with the subject of photography. To be sure, an *Image* book was no *catalogue raisonné*. No curatorial argument or dissection of style, no record of measured works went into them, though neither, with two regrettable exceptions, did poetry nor propaganda. Each *Image* book simply outlined a photographic theme by showing a series of photographs – generally one to a page, surrounded by a white border, credited and captioned, if not below the picture then in a paginated listing at the back.

The first six themes are worth reviewing, for they aptly illustrate directions that the Division would take during the 1970s and the inclination toward pluralism that would in turn be the institution's blessing and its curse.

Image 1 was *The Many Worlds of Lutz Dille*, a solo exhibition shown in the gallery in the summer of 1968. German by birth, Dille came to Canada in 1953, making Toronto his base and free-lancing both as a cinematographer and photographer. His special skill with people made him a favourite with the N.F.B. In spite of its title, *Image 1* is not really many worlds. Of the 83 pictures in the book, more than a third are of Toronto, while the rest are set elsewhere in Canada and in London, Naples, New York, and Mexico. Dille's photographic reflex is the great equalizer. The merchant class Londoner, masticating his cigar, holds his own across from the blue-chip Torontonian who chews on his thumb. Dille's wit and indiscriminate mischief, edited into sequences of similar postures or human relationships, give credibility to the book's global theme. Of course, the common denominator is not the human race but Dille himself; his comedic sketches are still fresh today.

Image 2 announced itself as the first N.F.B. annual of creative Canadian photography. The salon or annual show was a forum familiar to the Division, which had shown at many international invitational exhibits and had helped organize the Bytown International Exhibition of Photographers held in the capital one year before. As an annual, *Image 2* is a bit too expansive: some of the inclusions date back to the 1950s. The issue can be better evaluated as a creative review of the Division's holdings, setting out a new role for the N.F.B., that of "measuring and stimulating the development of the photographic arts in Canada."[8] The large collection admitted some deficiencies: the 149 photographs had been drawn from an exclusive base of Ottawa, Toronto, and Montreal. *Image 6*, the other annual, would begin to correct that problem by representing some photographers from the West. It is also in *Image 6* that the name Ronald Solomon first appears. His brief introduction is one of only a few written statements on photography by a man who, as photo editor from 1966 until his death in 1974, made an important contribution both to the collection and to the community of photographers whose work he handled with great respect. That position comes through clearly in his words on *Image 6*.

> The direction of *Image 6* demonstrates the Canadian photographer's continuing awareness and concern for his world, and his deep personal participation in the presentation of the problems of society. In his role as commentator he is becoming more and more conscious of the relation between his vision, the quality of his images and its effect upon his audience. There are in the analysis strong indications of a continuous struggle to make the message in the photograph clear and its meaning plain to the large and ever increasing audience for visual media.

Solomon's acknowledgement of the individual photographer had been foreshadowed in *Image 3 – Other Places*, ostensibly a theme of Canadian photographic talent abroad, but something else as well. The exhibition brings together work done under two very different sets of circumstances: most of the photographs were taken by Canadians on foreign soil but a few are images acquired from new Canadians of the land they had left behind. Some of these photographs became the first entries in the Division's Fine Print Collection, intended to house portfolios of important Canadian photographers. In buying these early works from Paul von Baich, Guenter Karkutt, Sam Tata, and Larry Weissmann, the Division was playing rather loosely with the N.F.B.'s ideological password of "interpreting Canada to Canadians" and was beginning to collect. By presenting these images as they were in *Image 6*, in groups, alphabetically according to the photographer's name, the Division was going even further. It was admitting the notion that the photographer worked in a discretely personal style, reflecting his or her own background and world view. The Division was beginning to recognize subjectivity and to honour the intentions of the photographer over its own thematic goals. *If This Is The Time*, from Michael Semak's photographs of Ghana, builds on that model but as a full volume, *Image 4*, cannot achieve it. Semak shot the work with an essay, not a book, in mind. There are some wonderfully strong moments – Semak did touch his subject – but they are too strung out with weaker ones and with poems. The book tells us virtually nothing about this country of newfound statehood; not even dry statistics shore it up. It does tell us about the exclusion of the photographer from the editing room and the emptiness of the resulting work.

Image 5, subtitled *Seeds of the spacefields*, was a design worked in photographs, poetry, and music to evoke the dream-state. In the comparatively restrained format of the book, we find poems and pictures arranged in ten sequences each of between six and ten images on a wide variety of subjects and styles. Splendid landscapes by Robert Bourdeau and compelling observations like John Reeves's mother and son (reproduced in this book) are interspersed with N.F.B. film stills and Navy war records in Freudian slip streams of ritual, flight, love, lust, innocence, brutality, loneliness, compression, and death. The "surreal" contextualization of these photographs obscures their original meaning in favour of a larger impressionistic whole. The photographer is but a bystander in this happening that has moved at least one reader to echo "moonchild" poet Penelope's opening query, "Who then brought me here?"

Chris Lund "Auto-animation" from the exhibition *Seeds of the spacefields*, designed by Norman Hallendy and Sharon Van Raalte, for the N.F.B. Photo Gallery, Ottawa, 1969
"L'auto-animation" conçue par Norman Hallendy et Sharon Van Raalte pour l'exposition *cela commença par un rêve et ce fut la Création* à la Galerie de l'Image, Ottawa, 1969

Any one of the *Image* installations would by current tastes be judged too elaborate and distracting from the photographic centre of the show. Exhibition design in the 1960s was unfailingly experimental, employing three-dimensional forms and props to animate the space, leading the viewer through visual and aural environments as though on a conducted tour. The look of the print on the wall was quite different from current museum standards. Photographs were frequently glued to a display material such as styrofoam trimmed right to the edge of the print. They were often hung in clusters rather than in single or double lines, as we are used to seeing them today. Printing styles varied, of course, but it was not unusual for the Division to exhibit large blow-ups, worrying less about the impurity of grain than about the impact on the viewer. Studied presentation seemed to fit all needs. In 1955, *The Family of Man* exhibition, with its stark, modern design, had defined how concerned photography ought to be displayed. At the same time, as photography began competing for gallery space with rainbow graphics, colour field painting, and kinetic sculpture, the underdog medium did its best to keep up. *Image 5* is an interesting, if extreme, example of some of its strategies.

Each of the "dreams" called for a different presentation, involving a variety of techniques and materials that showed off the expertise of the lab: photographic "mezzotints" (the imitation of this engraving process using copy film to increase the contrast of the image); photo sensitive linen (a child's dream, printed and pieced together like a patchwork quilt); Kodalith film (enabling the viewer to look through the image); offset plates (emulating tintypes by making half-tone copy negatives and reproducing the images on a press with an application of brown ink). "Auto-animation" (p. 11) required, for effect, the physical participation of the viewer: backlit images were suspended over reflective surfaces that bowed as the viewer approached, creating the effect of movement and distortion. This sort of manipulation amounted almost to a power-play by the organizers of the show that would never be tolerated today. In current practice, curatorial intervention is limited to the placement of one work or set of works beside another, a decision that must be explained both to the participants and to the viewer. *Seeds of the spacefields* was built by intuition rather than intellect, ignoring the original meaning of the picture and distorting the way it was supposed to look. It was an easy trap to fall into for an institution operating under an acquisition policy that awarded all negatives and rights to the Crown.

In the 1940s, 1950s, and early 1960s, photographs added to the library came from assignments. With the currency required in the Division's informational role and with special needs born of the creative activities, assignments branched out in the 1960s. The Division also began to purchase, not just for the Creative Collection, but to build up the files. The concept of the assignment became quite broad. Jobs were handed out with very tight instructions or almost no guidance at all, depending on the Division's orientation and on its knowledge of the contractor. For example, there were regular summer expeditions for the purpose of replenishing the library that seem to have been known as ''Lund going east and Lunney going west'' or vice versa. Other photographers might require more specific directions. Two sets of assignments illustrate the variety.

For EXPO 67, the Division proposed an enormous display symbolizing a maple tree with photographic panels tinted in autumn colours as its leaves. There were seven hundred photographs, each five feet by three feet, illustrating a statistical survey of who Canadians were and what they were doing. Each part of the tree – branches, trunk, and roots – was loaded with symbolic meaning. Suffice it to say that for the leaves alone, a lot of photography had to be commissioned from photographers who had a clear grasp of types and typical situations and who could follow directions to a T. The instructions for photographing the ''Broadloom Society'' included the following:

> What we mean specifically is upper middle-class suburbia, and what we need are photographs of a typical family in and out of the home, including lots of pictures of such mundane activities as watching TV, eating, washing dishes and clothes, shopping in a supermarket, tending the children, gardening, etc., and family relationships.
>
> The photographer should be the innocent bystander in these activities, and not interfere with or direct them. We look for unposed, realistic pictures under existing light (no flash please).
>
> A special requirement, wherever possible, is that the pictures be of vertical format with at least one person life-size when the picture is blown up to 5 feet high by 3 feet wide. In other words, we want the picture to include an upright person from head to toe. In other situations when persons are not upright, or the whole figure is not included, the head should still be of the same proportion, or about one-sixth of the vertical (longer) dimension.[9]

On the other hand, ''Nudity in the Home,'' a heading that pops up on several assignments, seemed to require no specific guidelines. It would appear that the assignment was sometimes used to develop photographers, even to assist them over rough financial times, as well as to meet the requirements of the N.F.B. and its client departments. The assistance was mutual; photographers can be credited with supplying a lot of exhibition ideas and important critical input. Large volume assignments have also yielded some memorable photographs: Michael Semak's little boy, filed under ''People of Canada,'' is a case in point. It was during this period that the Division developed its reputation as a patron of young, emerging photographers, as much by its quiet encouragement and support as by its public promotional drive. A relation was established between artist and institution that, when it worked at all, worked very well indeed.

The glorious days of the 1960s were drawing to a close. One can speculate that the same wind that had blown the Division so fair suddenly turned foul. The national exuberance and will ''to be known,'' ignited by the success of EXPO and Centennial celebrations, was placed under the control of a new institution called *Information Canada*. Included in its responsibilities were the N.F.B. library, the photostory program, the Division's advisory function, and the Canadian Government Photo Centre. Valuable staff members were transferred, including Richard Sexton, Chris Lund, John Ough, Hélène Proulx, and Gaston Lapointe, to name only five. The library, which was beginning to be recognized as heritage, was to become more commercial, and was decimated. The Division

was permitted to retain only a portion of its collection: that esteemed part of its creative bank or that part restricted, for whatever reason, from public use. Work from the Fine Print Collection, from the *Image* series, from the books, and from the staff's rapid editorial sweep through the files was held back. The rest went off in two directions: older, ''outdated'' material to the Public Archives; marketable material to Information Canada's new Photothèque. Early assignments were broken up indiscriminately and some, because of subsequent sales-oriented edits, will never be reformed.

It was, as fairy tales would have it, both an end and a beginning. On the one hand, it marked the loss of an important collection along with the means to rebuild it. The timeliness of the Division's information work depended on a close relationship with the public. The release of each photostory had been an unofficial poll of the nation's curiosity. Any departmental assignment, however banal, afforded the Division insights into social and political matters that were constructive in its own documentary program. The cessation of the photostories and the assignments severed these two important connections. Both were gone, along with the Division's two writer/researchers. From that point on, the Division would turn inward on the medium, becoming increasingly reliant on the social attitudes of the photographer to shape its documentary work. On the positive side was the Division's confirmation, however clumsy, of its newer functions. The production of books, major exhibits and travelling shows, and the running of a gallery all seemed to have been accepted as the Division's proper role. Its interpretation of that role, combining the operational and ideological framework of the N.F.B. with the changing dynamics of Canadian photography are recent history: the last chapter and the conclusion.

A constant source of amazement to those active or interested in the museum field is the fact that after 1970, the Division continued to buy everything that it showed. This policy, the logical outgrowth of a collection that began as a library, is one of the collection's unique aspects and its greatest strength as well. Extensive documentary series and period monographs of a photographer's work are preserved in a representation that is at least faithful to the form and content that they had in widespread circulation by the N.F.B. Since the selection process frequently involved the photographer, who may also have specified a sequence or a preferred grouping of images, the Division's portfolios, supported by correspondence, statements, or personal recollection, are the country's greatest storehouse of contemporary photographic expression. In some cases, later, more abstract tendencies in an individual's work can be traced back through the N.F.B. assignments. Michel Lambeth, Nina Raginsky, and Michael Semak are three among many whose earliest applications of the medium prefigured the strong photographs that were to come.

The blanket policy of purchase did allow for some exceptions: the Roloff Beny exhibition, *Iran*, shown at the Ontario Science Centre in 1975 and the holography of Al Razutis included in *Photo 77* were borrowed or leased for those events. This occasional arrangement was the normal one for Canadian galleries that had only recently started to pay exhibition fees after years of resisting the demands of the Canadian Artists' Representation. The union found no cause to quarrel with a Division that paid full market value for prints and exhibition rights only. In the photographic boom of the 1970s, the price of a print rose dramatically from the $25.00 that the library had been paying for a negative and full copyright.

Purchasing allowed the Division to build up a great repertoire of travelling exhibitions to be lent at minimal expense and trouble to centres all across the country. Purchase was also the Division's main form of patronage, providing encouragement and financial assistance to complete projects or to begin new work. The assignment was to be used less and less in the 1970s, except for special commissions like scouting subjects along the Canadian-American border for *Between Friends*. The unwritten policy of ''open assignments'' was completely dropped. The copyright issue was growing in importance, and in the debate on it, the Division sided with the artist in his demand for a more protective copyright law. Assignment contracts ceded all rights to the government. With no library and with the Division's purchase and exhibition practices aimed at enhancing the freedom of the artist, the assignment had become something of a moral problem. Its revival in the 1980s was to be under revised, more cooperative terms.

Purchases for exhibition were determined in three different ways by a number of selectors, some of them employed by the Division, some not. Over the years, a number of competitions or ''Calls for Entries'' were announced. *CANADA/c'est quoi?* which challenged photographers to define Canada had attracted more than 5,000 replies. *Photography 25*, open only to youth, and

Photography 75, open only to women, had, in timely fashion, broadened the Division's connection with special interest groups. *Manitoba/Saskatchewan/ Alberta* and *Atlantic Parallels* attempted to redress some of the program's regional imbalances. Mindful of these specific goals, a number of guest adjudicators evaluated and selected the material, all of which was bought for the collection. *Photography 25* was chosen by staff editor Ron Solomon and photographer Robert Bourdeau. *CANADA/c'est quoi?* had a student jury that involved, among others, Pierre Dessureault, then enrolled at the University of Ottawa. *Manitoba/Saskatchewan/Alberta* was selected by James Borcoman, curator of photography at the National Gallery of Canada.

In the 1970s a number of photographic, art, or artist-run galleries began to deal in the medium. The Division responded to invitations to public events and private viewings of recommended portfolios. Work in the collection has been purchased from Yajima/Galerie and Galerie Gilles Gheerbrant in Montreal, the Mirvish Gallery, the Baldwin Street Gallery, the Jane Corkin Gallery, the Burton Gallery of Photographic Art, Déjà Vue, the Carmen Lamanna Gallery, Ydessa Gallery, and the Sable-Castelli Gallery of Toronto, Nova Gallery and Coburg Gallery, both of Vancouver, and others. Many of these places have since closed down but the role of dealers in bringing forward new work and enlarging the audience for photography has continued to be an important factor in the development of the Division's collection.

But, for the most part, new work came to the notice of the Division in the form of unsolicited submissions. After the death of Ron Solomon, portfolios were frequently previewed by young production assistants who brought promising work to the attention of Lorraine Monk. As Executive Producer, Monk authorized all purchases, according to the requirements of the program and the elasticity of the Division's purse. She herself met with many photographers, rewarding some young aspirants with on-the-spot purchases, while engaging more experienced practitioners in the Division's long-term plans. Monk's receptiveness to photographers' ideas encouraged several important projects: *B. C. Almanac(h) C.-B.* and *13 Cameras/Vancouver* were the product of collaborations between West Coast artists with their works appearing in publications and exhibitions sponsored by the N.F.B. Judith Eglington's *Earth Visions*, a solo exhibition, book, and audio-visual show, was commissioned largely on faith after Monk met with Eglington and viewed some of her preliminary work.

Crombie McNeill Roloff Beny, Lorraine Monk and Shin Sugino at a reception for the exhibition
Pilgrimage, Ottawa, 1974
Roloff Beny, Lorraine Monk et Shin Sugino au vernissage de l'exposition
Pèlerinage, Ottawa, 1974

The early 1970s were an experimental period in Canadian photography. Solo exhibitions were regarded more as exploratory artistic opportunities than as highly resolved and conclusive curatorial pronouncements. Photographers like John Max and Normand Grégoire were invited to actualise their visions in the Photo Gallery and given great freedom to do so. In the same spirit, the Division's purchase policy set no criteria except ''excellence,'' requesting submissions and ideas to add to its treasury of self-expression.

In 1977, a chance to make a large purchase of Robert Frank's photography

was both an irresistible opportunity and something of a turning point in the Division's outlook and collecting practice. It was the first genuine retrospective. Along with Frank's wonderful images came an awareness of the conventions that had structured public knowledge of his work. The books and the films had to be acknowledged. There was a quest for completeness that had nothing to do with a single statement or a curator's intuition and everything to do with precedence, research, and respect. It brought about an important change in how the staff of the Division viewed its own collection. It was just at this point of reassessment that Lorraine Monk left Ottawa and moved to Toronto. From there, for a while, she continued to guide the work of the Division and then retired from the N.F.B.

Among the staff that remained, there was a mixture of attitudes, experience, and education. Some had come up through the photostory days or had joined the N.F.B. to work in the library. Others were relatively new to the business, hired as framers, copywriters, or general assistants for the productions of the day. Acting head, Maureen Cumbers, was instructed to carry on and so she did, dividing creative responsibility among three producers: Pierre Dessureault, Martha Hanna, and myself. All of Monk's plans and commitments were to be met. After that, exhibitions would be originated and developed by each of the producers. Slowly, through these appointed and self-appointed tasks, a different point of view began to shape the Division's identity. The program that had been energized by fresh ideas and promotional drive began to draw more of its inspiration and authority from the creative reserve of its collection. While holding to most of Monk's principles – the support of Canadian photographers and the establishment of a permanent photographic gallery, among others – the producers identified certain pressing needs: the reorganization of the collection, its documentation and proper storage; national accessibility to the resources by building on the extension program; and publishing a regular newsletter, an illustrated travelling exhibition catalogue, and a series of smaller catalogues explaining and documenting new shows. Quietly, on historical and philosophical grounds, the three producers began to reevaluate the collection, with particular attention to the origins of the photographs and their subsequent adaptation to the Division's needs. The process was complicated, taking in many issues, as acquisitions were made at different times for different reasons – mostly for the perceived value of the image but sometimes influenced by the type and scale of the Division's public ventures.

For it was not purely by the photograph that the Division had appealed to its audiences, but often by creative forms of exposition. Just as in the 1960s, photographs were distributed in a variety of ways, dominated by publications and gallery exhibitions, but including as well a series of photo festivals, outdoor and indoor exhibits, multi-screen slide and sound shows, and, somewhat later on, in reproduction for video. An assessment of the Division's work begins with an evaluation of these forms of display.

The most talked about Canadian publication of the period was surely *Between Friends*, the 1.1 million dollar project that sent twenty-seven photographers on assignments eventuating in the Bicentennial birthday book that Canada presented to United States President Ford and displayed in exhibitions in Chicago, New York, and Atlanta. In Canada, the exhibit opened at the 1976 Calgary Stampede, then multiple copies toured the country with two stops in the capital city: at the Photo Gallery that same summer and, the following year, as part of *Photo 77*, when Canadian photography took over the Canadian Government Conference Centre for nine memorable weeks.

This photo festival was the culmination of a series that had made its tentative debut in 1972 and grown over five summers into the almost overwhelming 600-image display of prints, holograms, and slide shows that drew in more that 60,000 visitors. The Conference Centre, scene of many national and international meetings, required a complete interior transformation for *Photo 77*. In the great halls, temporary gallery spaces were built to the Division's specifications by the Department of Public Works, then demolished at summer's end. These expensive one-shot installations and the success rate of the photo festivals were among the principal arguments put forward by Lorraine Monk for the creation of a large permanent museum of photography.

An impetus toward larger audiences, combined with the desire to distribute photographic packages across the country, encouraged the idea of placing exhibitions in public spaces, outdoors as well as indoors. The results were two exhibition systems. One was prepared for the National Arts Centre's hosting of *The Musicians*, a show of portraits by Walter Curtin, which later became the first special exhibit at Toronto's Roy Thomson Hall. The other was the major design project done for *Sights of History*, an outdoor touring show with a national program of summer appearances in parks, fairgrounds, and urban plazas.

Shin Sugino *Sights of History*, designed by George Nitefor, Nathan Phillips Square, Toronto, 1982
Vos photos… notre histoire!, dispositif conçu par George Nitefor, Nathan Phillips Square, Toronto, 1982

This exhibition came about as the result of a country-wide competition: entrants were invited to submit ten photographs related to Canadian history. All submissions were to be by living photographers. As it turned out, the era of the discoverers and settlers were represented by glossy colour pictures of their markers and churches, while modern times were introduced in the form of soft black and white snapshots of World War I veterans being welcomed home in 1918 by Mackenzie King. The challenge for the exhibition designer was to array 360 photographs in a chronological sequence for outdoor viewing in the equally unfriendly elements of sun, wind, and rain. The solution, pictured here as installed on Nathan Phillips Square in Toronto, was an extension of the family album, with the viewer being able to turn the massive plastic and aluminium pages of image and text.

This exhibition's flexibility was the antithesis of another, no less popular, form of presentation: the multi-screen slide and sound show. Originally favoured as the mode of presentation closest to the nature photographer's medium of 35mm colour slides, the shows became increasingly complicated, both in technique and concept. In projection, the images dissolved into one another on three screens. Editors used descriptive devices such as juxtaposition of shapes and textures, highlighting a detail such as a close-up of a single flower beside a blossoming field, or contrasting information such as winter and summer views of the same scene up on the screen, side by side. Music or sound effects were meant to enhance the experience. In later productions, such as Lori Spring's *Street Passages: A Modern Romance*, the script and the images played almost equal part.

In 1981, Jennifer Dickson's *Il Paradiso Terrestre* treated the three screens as evolving elements of a triptych or altarpiece. The narrative and organization of the work were hers, as was the choice of Michael Bänger to develop the soundtrack. Dreamlike, filmlike, and deeply personal, the show was an independent individualistic conception by an artist whose recourse to the Division was mainly for technical advice and execution. Eventually, *Il Paradiso*

Terrestre was reworked from its multi-screen original to a single-screen version for translation to video. The tape, prepared for the Canadian Cultural Centre in Paris, was the Division's first practical attempt at making such complex presentations marketable beyond the Canadian capital. More than thirty multi-screen slide and sound shows, edited from the work of photographers like Ted Grant, Bruce Litteljohn, and Paul von Baich, or purchased, fully developed, from artists such as David Heath and Frank Lapointe, were done over the years. Few of these shows have ever been beyond driving distance of the studio at Tunney's Pasture.

More easily distributed, though more specialized in audience, is a series of productions begun in 1978 called *View: The Canadian Photographer Series*. These are single-screen slide shows that attempt to explain a photographer's vision and communication by paralleling the subject's spoken ideas and reminiscences with his or her work. Freeman Patterson, Gabor Szilasi, Pierre Gaudard, Claire Beaugrand-Champagne, Sam Tata, Walter Curtin, and Chris Lund are some who were subjects in the program. They were interviewed by producers Gregory Dru, Pierre Dessureault, and Martha Hanna, who also selected the images, ordered them and supervised Clement Leahy's editing of the tape. Simple and standardized in format, these short programs took a highly orthodox approach to the visual material, showing each selected photograph in its fullness, editing the photographer's words to background or to draw out certain elements of the picture. The interviewer's questions or reactions were never heard.

All of these manifestations are part of the Division's heritage, a gathering of photographic works of greater and lesser importance – some artistic and some informative, some merely entertaining – all moving through one creative centre. If in the 1970s the Division had its difficulties, they were less the result of the variety and experimentation of its work than of its own inarticulation in rationalizing it.

In the 1960s, the Division had made an enormous leap from simply making and using illustrations to recognizing photography's inherent worth. In the early 1970s, the Division functioned conscientiously as an intermediary between photographer and audience, interpreting Canada through photography but rarely and reluctantly interpreting photography. The mantle of tastemaker was well worn in and comfortable; that of evaluator and historian, it wore somewhat by default. A close examination of the program of the 1970s provides insights into the broader intentions of the institution and a general sense of curatorial bias shaping the shows and shaping the medium at the same time. Rarely were those attitudes clearly reflected by exhibitions and publications, and pinning them down, even today, is no easy task.

Research into the work of photo editors and production assistants prior to 1978 is hampered because of the storefront atmosphere of the Division. Many important discussions that shaped the program and built the collection were highly informal, frequently on the telephone or face to face. If easy accessibility has its disadvantages, here is one example of it. Given this degree of informality, it is often difficult to tell whose selection led to the final purchase. Additions to or deletions from selected material appear in the records without comment or explanation.

Lorraine Monk's correspondence is voluminous, but most of its wit and incisiveness is levelled at matters of administration – that is, survival. Her oral presentations are mainly treatments of the Division's history or of her vision of photography's impact and importance. She rarely wrote about a photograph. One might conclude quite fairly that Lorraine Monk, like many of her contemporaries, believed that a good photograph required no explanation and that the public would learn by exposure. *Impressions* and *Image Nation*, two highly influential magazines, also took that view. Lorraine Monk oriented her whole operation toward getting work out before an audience. The Division's yearly cycle of exhibitions and publications was highly demanding; the Photo Gallery sometimes seemed like an insatiable monster, requiring quarterly feedings of big new shows to keep it quiet and safe from being closed.

In hindsight, one might say that following the 1971 severance of the library, the Division could have undertaken a more effective curatorial role, with less emphasis on performances and more on reflection and research, with fewer purchases for support and stronger, clearer statements of objectives, but nothing in its mandate or experience had prepared it for that part. It was a production unit, always a hive of activity aimed at spreading the good news about Canadian photography, keeping it and the Division alive. The frequent press releases stressed youth, discovery, and a variety of subject matter, opinion, and treatment. The program set its cap at a cross-section of the population by building on the confidence generated during the 1960s, mixing art and social criticism in spirited and catholic presentation.

In a consciously unstudied posture, nearly ten years of diverse imagery were administered to the public, classified by the prevailing jargon into pictures that "showed" something and pictures that "expressed" something. Under the former, we find Claire Beaugrand-Champagne's tender chapter from four photographers' joint project on Disraëli, Quebec. Under the latter is Michael Torosian's *Nocturne*, published as *Signature 3*, a smoky series of figure studies, experimental renderings on Polaroid black and white stock. Each was shown at the Photo Gallery in appropriate surroundings: the first in an exhibition called *A Way of Life*, that focussed on six different Canadian communities; the second, set apart in the small gallery to make its quiet statement.

Other usages of the image were not quite so straightforward: to the point where the context might serve as a kind of disclaimer for the message of the work. It stands to reason that if we look at a photograph by a Canadian, we are learning something about the workings of one Canadian's mind. If that mind cries out for Quebec nationalism, then a federal agency that deals in both fact and fancy must call this "self-expression" rather than determined social action through photography. The Film Act's concept of "interpreting Canada to Canadians" was an enormous catch-all (if not a Catch-22), allowing almost anything to be shown. In the late 1970s, Pierre Dessureault began retrieving documentary evidence of the Quiet Revolution from *CANADA/c'est quoi?*, *Photography 25*, and other group exhibitions. Regrouped under the title, *Quebec photographers of the early '70s*, this touring exhibition tells of an idealistic communal vision that used the camera to record unrest and to reach into a rural past for the foundations of the future. All of this was done by untitled imagery whose verbal language, when evident at all, leapt to the eye in signage or graffiti on a city street.

Well into the 1970s, any text outside the photograph was somewhat suspect. The caption was nearly taboo and technical data considered old-fashioned. The cerebral photographers of form and universal gesture had made their mark. The N.F.B.'s longtime photo librarian, Edna Varrin MacDonald, was the object of smirks and intellectual pity whenever she dared to ask a producer where a photograph had been taken. How often in the sobriety of the 1980s do we wish that her simple query had been treated seriously.

The Division's chronic anxiety within the framework of the N.F.B. also seems to have contributed to the vagueness of its public relations. Photographs of the landscape might be called "documents," especially if the site was in Canada. Similar topographical studies of a foreign country might be explained by another set of terms, emotional rather than informational, justified in the program as one Canadian's experience. Scores of cultural critics have analyzed the Division's output with a chorus of "Art or photography?" a boring, nineteenth-century question that the Division, to its credit, has almost always ignored. To its discredit, it has sometimes done so to take shelter in its N.F.B. mandate, effectively smokescreening the objectives of its featured artists who were placated by the display, without comment, of their statements of intent.

Current tendencies in the medium call for greater clarity in the orientation of the viewer. In the 1980s, when Gary Wilson labels a landscape "Exterior view of pit rim, gypsum mine, near Windsor, Hants County, Nova Scotia," there is no doubt that the work is meant to give the viewer knowledge of the forces acting on that place at that time. Wilson has gone there to make a record and any curator who chooses to show it is implicated and responsible to Wilson's ideas. When Robert Bourdeau wrote simply, "Utah, 1976," it had more the connotation of a diary, noting less of geography than of his state of mind. The title primed the viewer to purify his thoughts, meditating on Bourdeau's response of which his luminous print was emblematic.

Robert Bourdeau's actual technique, his compositional control and mastery of printmaking, was explored rather late in his long association with the Division, in an exhibition where Martha Hanna assembled for comparison recent purchases of large format work. Her emphasis on form was echoed, on a somewhat lighter note, by 1979's *Cibachrome*, a wildly mixed show held together mainly by the general excitement over a new colour process.

Theme exhibitions, once the preserve of dreams and magic, approached more everyday subjects in Pierre Dessureault's presentation of man-made *Environments* and natural *Elements*. The supernatural expressed itself in both religious and consumer iconography with the exhibition *Paradise. Words and Images,* organized by Martha Hanna, was simply that: an overview of Canadian photographers' adaptations of text to visual media, the final phase of photography's battle with words in the 1970s.

The discipline and directness of documentary photography was the focus of several major shows. Robert Minden's *Separate from the World: Conversations with Doukhobor-Canadians in British Columbia* toured extensively, accompanied by a catalogue in three languages — English, French, and Russian — that expressed the reactions of community members to Minden's photographic portrait. Pierre Gaudard's *Les Ouvriers*, a telling record of Quebec's working class, published in 1971 as *Image 10* and exhibited in the form of huge blow-ups, was redesigned and reissued in 1984. *Document*, a group show organized by producer David Barbour, brought into view and into the collection some of the forms and topics constituting the recent revival of photo-documentation. James Stadnick's miners and Fred Cattroll's boxers are part of this serious movement.

In 1979, one of the three producers' first cooperative projects was the selection of photographs for a survey of photojournalism. The exhibition demonstrated a variety of styles applied to news and editorial photography, both areas of weakness in the collection which was improved by additions of work by Richard Harrington, George Zimbel, Mary Pikula, Grant Ponton, and Denis Plain. Pierre Dessureault later developed some of *Photojournalism*'s central ideas in a selection of photo essays, from the 1950s to the 1980s, called *On Assignment*. That exhibition looked back on the founding years of the library, reviewing the evolution of journalistic style from "stilted" objectivity to the signature pieces of a contemporary *Saturday Night*. The Division revived its assignment program in 1983, sending Michael Mitchell to Nicaragua and observing, through Pamela Harris, the daily conditions of Toronto's non-union domestics. Finally, in some of the last exhibitions held at the Photo Gallery, revelations of a collection reflected the inherent simplicity of *Image 3*. *Recent Acquisitions*, 1982, showed beautifully conceived and rendered photographs with the maker's and the selector's rationales hung by their side.

One aspect of the program had perhaps come full circle but the Division and the state of the medium had changed. The Creative Collection, begun by Lorraine Monk and Ron Solomon, in a territory carved out by Treasury Board, had grown beyond its tentative beginnings to an assertion and explanation of its view of photographic art. The Division's documentary mandate, met by purchases and assignments, had gone international, delineating and demanding Canadian social and political response. Both of these responsibilities, the foundations of the Division's work, were outlined in a formal policy which was given final approval by the N.F.B.'s Board of Trustees in March, 1983.

This official endorsement of our real activities had been an important objective of mine on becoming head of the Division in 1981. Work on the collection could then move forward, with two separate and equally important forms of photography coexisting even as they do in the medium and sometimes even in an individual's work. The provision of photographic programming to a national network of galleries was supported. Publishing was authorized to continue on a cooperative basis with commercial publishers. Finally, the Photo Gallery was to become the centre of these and other activities, with exhibition space, storage and access to the collection, its library and archival resources, its production studios and administration offices all under one roof. This building project had survived bureaucracy and was very nearly a reality by the early winter of 1983. It was in such an invigorating atmosphere that work on *Contemporary Canadian Photography* began.

The goals of the three who had found their feet under Maureen Cumbers had not changed and it was in that spirit that the book was assembled. The photographs were selected by Pierre Dessureault, Martha Hanna, and myself, working not to digest the collection but to bring out its best. Of the period that we decided to emphasize – the 1960s through to the present – these can be called our favourites, adding that in the process of choosing from over 150,000 images, our discoveries and final decisions often surprised ourselves.

Our methodology will perhaps seem obvious. We worked initially from the files, pulling out every picture that interested us. We then went to the archives, making sure that we were considering all of the Division's recent history but trying to discard what had been previously published. That was not always possible. We pored over the acquisition books and the photostories, looking for important themes that were the backdrop to later creative work. We challenged our memories and our humours over and over again, going back through the boxes of prints until we were sure of every choice. Then the assembly began. The organization is loosely chronological, with this final arrangement a subjective one for comparison and the pleasure of the eye. The notes at the back explain a bit about each photograph – the circumstances, the meaning, and the place it claims in this important Canadian cultural and artistic resource.

Ironically, as this book appears in the fall of 1984, the photography collection of the National Film Board, after 45 years, will be transferred to the National Museums of Canada. For still photography at least, Grierson's Canadian experiment has reached an end.

His utilitarian handling of the camera and the photographer began this collection. The visions and actions of many have explored his definition of the medium, calling up the candour and mystery of the photograph to challenge the conventions of art and information. The process has been a catalytic one. As each addition to the collection has been placed before the public, the meeting place of expression and ideas has shifted ground, inspiring new photographic action and theory with an immediacy that has lost none of its nineteenth-century shock and appeal. The Division has nurtured that vitality and drawn from it. The suggestion for and first effort toward this book came from David Barbour, a photographer who worked for the Division as a producer for two years. He, like every photographer represented in this sampling or in the breadth of the collection, is at its centre and deserving of all our thanks.

Martha Langford
Ottawa, 1984

Murray Mosher   Pierre Gaudard, Ted Grant and Chris Lund at the opening of *Les Ouvriers*, Ottawa, 1971
Pierre Gaudard, Ted Grant et Chris Lund au vernissage de *Les Ouvriers*, Ottawa, 1971

Notes

1. *Grierson on Documentary*, ed. Forsyth Hardy (New York: Harcourt, Brace and Company, 1947), p. 229.
2. Chris Lund, interviewed by Pierre Dessureault for the National Film Board of Canada audio-visual program: *View: The Canadian Photographer Series*, November 4, 1982.
3. Quoted in Marjorie McKay's history of the National Film Board, a report prepared for the agency's 25th anniversary; later published as *A History of the National Film Board of Canada* (Ottawa: Queen's Printer, 1964) Chapter 6 of her manuscript.
4. Peter C. Bunnell, "The National Gallery photographic collection/A Vital Resource", *An inquiry into the aesthetics of photography*, ed. Geoffrey James (Toronto: An artscanada book; published by the Society for Art Publication; first published as *artscanada* December 1974, Volume XXXI, Numbers 3 & 4, Issue Number 192/193/194/195), p. 40.
5. Bunnell, p. 40.
6. Lorraine Monk, *Call them Canadians* (Ottawa: Queen's Printer, 1968), p. 12.
7. Miriam Waddington, *Call them Canadians*, ed. Lorraine Monk (Ottawa: Queen's Printer, 1968), p. 243.
8. Lorraine Monk, *Image 2* (Ottawa: National Film Board of Canada, 1968).
9. Extract from the Still Photography Division's production files on the "Photo Tree"; project description as given to a number of contracted photographers by the editorial staff of the Division.

INTRODUCTION

La photographie canadienne occupe une place importante dans les quarante-cinq ans d'histoire de l'Office national du film. Ses portraits, ses paysages, ses études de nature, ses vues architecturales ou industrielles, ses documents sociaux, ses montages expérimentaux et ses oeuvres d'imagination ont marqué des générations de Canadiens. Des photographies documentaires, d'abord présentées dans le supplément hebdomadaire des journaux, apparaissent maintenant dans les manuels scolaires. Des oeuvres de reporters photographes chevronnés, qui s'étaient d'abord imposés grâce à l'O.N.F., font aujourd'hui l'objet de rétrospectives. Les publications du Centenaire, à l'origine destinées au marché populaire, aiguisent maintenant la convoitise des collectionneurs. L'O.N.F. a grandement contribué à faire reconnaître la valeur essentielle de la photographie. Le mérite du photographe canadien d'aujourd'hui, que sa spécialité soit la photographie d'expression ou le documentaire, est reconnu grâce aux expositions et aux publications diffusées partout au pays et à la grandeur du monde.

Au nombre des publications canadiennes et internationales de l'O.N.F., on compte des reportages photographiques, des livres commémoratifs qui ont mérité des prix, des monographies, des catalogues et une circulaire illustrée de ses activités. En 1967 apparut la Galerie de l'Image dont les expositions, renouvelées quatre fois l'an, ont fait l'objet de centaines et de centaines de prêts.

Depuis la Seconde Guerre mondiale, l'O.N.F. a joué un rôle prépondérant dans la photographie au Canada, tant au point de vue culturel que documentaire. C'est autour d'une équipe restreinte, logée depuis une vingtaine d'années dans une construction de quatre étages à panneaux orange, au centre d'un complexe d'édifices gouvernementaux canadiens appelé le Parc Tunney, que tant de réalisations ont vu le jour. Le Service de la photographie a constamment captivé le public grâce à ses publications soignées et à ses innombrables expositions. Ce qui a peut-être été moins manifeste – et la présente anthologie peut permettre de l'apprécier – c'est le résultat de cette activité: l'importante collection de photographie canadienne contemporaine de l'O.N.F. Sans en avoir nécessairement formé le dessein, et sans pour autant tout devoir au hasard, le Service a constitué un dépôt immensément important des formes d'expression contemporaines au Canada. Cet ouvrage va nous permettre d'évoquer les origines de cette collection et de traduire le plaisir de communiquer par le truchement de la photographie.

Le documentariste britannique John Grierson imagina l'O.N.F. à l'aube de la Seconde Guerre mondiale. La tâche spécifique assignée à l'Office, lors de sa fondation en 1939, était la coordination des différentes formes de ce que Grierson appelait, sans fausse pudeur, la propagande. Cela comprenait des films à sujets national, commercial, éducatif et administratif. Le nouvel organisme était chargé de placer des commandes de films soit auprès de producteurs privés, soit auprès du Bureau de cinématographie du Gouvernement du Canada, alors partie intégrante du ministère de l'Industrie et du Commerce.

En 1941, l'O.N.F. prit en charge tout le Bureau de cinématographie de qui il hérita un certain nombre de photographes et de techniciens employés à la Division de photos fixes. Le rôle de cette équipe serait de photographier, en plus des poignées de main officielles, toutes les scènes commerciales et les vues touristiques qui pouvaient intéresser le gouvernement. Les réorganisations provoquées par la guerre et l'enthousiasme des nouvelles recrues de Grierson vinrent rapidement à bout de la routine de l'organisme. Le Service de la photographie du Comité d'information en temps de guerre vint se joindre à celui de l'O.N.F. De nouvelles techniques vinrent combiner la photographie avec le texte écrit afin de soutenir l'effort de guerre. Grierson considérait l'éducation comme une forme d'action sociale propre à rassembler les citoyens sous la bannière du bien commun.[1] Cela se traduisait par des expositions spéciales à l'usage des manufactures et des écoles. Les productions cinématographiques étaient complétées par des séries d'affiches et de publications. Mais toute cette activité secondaire n'empêchait pas les photographes canadiens de se rendre sur les lieux afin de témoigner, par des images, de la réalité de l'effort de guerre. Ainsi, le rôle de la photographie comme moyen d'information commençait à s'affirmer et à être exploité. Il devait se poursuivre, longtemps après la fin de la guerre, avec la production de photo-reportages destinés aux publications canadiennes ou internationales.

On connaît l'histoire de la croissance fulgurante des magazines illustrés, résultat de l'héroïsme de leurs reporters et du populisme de leurs éditeurs. Leurs bailleurs de fonds les abandonnèrent tout aussi rapidement, séduits par la vision immédiate qu'offrait la télévision. N'empêche que le photo-reportage fut, en son temps, indéniablement populaire. Grâce à lui, le public put suivre le retour à la normale de l'après-guerre, la montée simultanée de l'industrie, ainsi que les événements culturels et la chronique des personnalités à la mode. Notons aussi l'accent mis sur le simple citoyen dont les opinions et les travaux étaient à l'ordre du jour et dont la vie de famille devenait aussi un thème de nouvelles.

Les reportages photographiques produits par l'O.N.F. adaptaient leur modèle commercial aux besoins de la nation. Le ton était alerte, les images séduisantes, et surtout il était question du Canada. La facture du reportage pouvait varier, mais à chaque fois, les rédacteurs des journaux se voyaient soumettre une série complète d'images avec des légendes ou de courts textes disposés de manière à former des demi-pages ou des pages entières. Ces jeux d'épreuves étaient imprimés en rotogravure et s'accompagnaient d'un certain nombre de variantes, soit que les images, soit que les textes, ainsi que d'une carte permettant de commander le matériel d'impression. Les rédacteurs pouvaient utiliser le reportage au complet ou en partie, dans le supplément hebdomadaire d'un journal ou dans une page réservée à cet usage.

L'O.N.F. s'occupait directement de la distribution canadienne, tandis que les services de presse étrangers étaient contactés par l'intermédiaire du ministère des Affaires extérieures. Encore en 1968, les frais pour ce genre de service pouvaient varier entre 2,50$ et 9$, selon le tirage du journal. Le Service maintenait un excellent rythme de production: les reportages, d'abord destinés à paraître vingt-six fois par année, ne tardèrent pas à devenir hebdomadaires. La distribution à l'étranger exigeait la préparation de versions en espagnol et en allemand, à partir des originaux français ou anglais. Pendant tout ce temps-là, le Service continuait de s'occuper des tâches requises par les autres ministères, ainsi qu'à réaliser les images et le matériel publicitaire accompagnant le tournage des films de l'O.N.F. Au fil de toutes ces années, la photothèque de l'O.N.F. s'enrichissait de centaines de milliers de photographies d'artistes réputés tels que Guy Blouin, Harry Rowed, George Hunter, Chris Lund, Gar Lunney et Richard Harrington. Tout y passait, depuis les simples paysages jusqu'aux chefs d'Etat les plus prestigieux.

Quelque temps avant sa mort en 1983, Chris Lund, l'un des vétérans du Service qui fut aussi un des créateurs du photo-reportage, se remémorait l'air "guindé" des photographies d'alors.[2] Le terme était peut-être un peu fort, même si un certain élément de stylisation se retrouve d'un reportage à l'autre, que celui-ci porte sur un sujet d'ordre humain ou sur les progrès de la technique. Cinq ou six tableaux, accompagnés de légendes, gravitaient autour d'un texte généralement assez court. On avait effectué les recherches nécessaires et dressé la liste des scènes à photographier avant de confier la tâche au photographe. De même, les enchaînements et la présentation finale du travail revenaient de droit au rédacteur et au sélectionneur des images. Toutefois, ces derniers ne se rendaient jamais sur les lieux, de sorte que le photographe, témoin oculaire, était ultimement responsable du choix des images présentées au public. Sa signature apparaissait dans l'image-thème destinée à capter l'attention du lecteur et à résumer le sujet.

Dans le cas de Lund, cette image était d'ordinaire prise à partir d'un angle inattendu, par exemple l'homme de science observé par une souris de laboratoire, à moins qu'il ne s'agisse d'une adroite surimpression. Les procédés d'autres photographes pouvaient être moins originaux, et ils se contentaient souvent de recourir au charme de l'enfant ou de la jolie fille. Dans "Le balai, une industrie canadienne de $16 millions'', Jean Gainfort Merrill couronne un reportage très instructif sur la manufacture des balais en montrant dans une même image une jeune femme et une toute petite fille chacune équipée d'un balai neuf, l'un de taille ordinaire, l'autre minuscule. Et, de fait, cette scène de la vie domestique conclut logiquement les activités préalablement photographiées dans les manufactures. Richard Harrington semble préférer introduire son thème par une image évoquant un milieu déterminé, pour se consacrer ensuite à des portraits sans apprêt ou à un reportage de style conventionnel. Ainsi, le point de vue du photographe imprimait au travail une touche personnelle qui pouvait être par la suite modifiée ou infléchie par le ton du texte. Le naturel de l'acteur et de l'accessoire avaient leur importance, mais seulement pour permettre au public de se situer. Plus souvent qu'autrement, on était prêt à se contenter de la vraisemblance.

La photographie, telle que la pratiquait l'O.N.F. à cette époque, relève de la promotion, de l'éducation et de la propagande plutôt que de l'objectivité documentaire. On peut s'en convaincre par deux exemples.

"Alcooliques habituels, 16 sur 1000'' de Gar Lunney nous présente, en six scènes quasi cinématographiques, les problèmes causés par l'alcoolisme. On voit, à tour de rôle, comment le fléau se manifeste dans la société et comment la recherche, le traitement et l'éducation constituent des armes efficaces pour le combattre. La première image est prise à l'extérieur, du haut de l'escalier qui conduit à une maison, comme si la femme voyait son mari escorté jusqu'à sa porte par l'éternel chauffeur de taxi. L'anonymat de l'homme éméché est protégé par le large rebord de son chapeau blanc. A l'image suivante, dans le bureau du presbytère, le prêtre, face à la caméra, prodigue des conseils à l'épouse éplorée qu'on entrevoit de dos et qui porte sur son épaule un bébé fixant le lecteur droit dans les yeux. Suit un moment de répit où le photographe montre un rat de laboratoire qu'un savant force à boire de l'alcool. Puis le scénario reprend: l'image, prise en contre-plongée, est centrée sur les mains qui remplissent un verre à même une bouteille hâtivement retirée de sa cachette dans le tiroir. Ici encore, c'est l'anonymat pour le protagoniste dont le regard fuit l'objectif pour se diriger vers la porte. Puis, nous nous retrouvons dans une cellule de prison où un pauvre diable, la tête entre les mains, se fait sermonner sur les méfaits de l'alcool par un homme impeccable, visiblement un éducateur, un médecin ou un travailleur social chargé de purger la société du fléau. Finalement, une patiente, montrée partiellement de profil, est en train d'expliquer une tache d'encre devant un psychologue calmement assis à l'affût de ses réactions. La légende nous apprend qu'un alcoolique sur sept est de sexe féminin. A la différence de l'homme, la femme nous semble en train de se soigner, au lieu d'être plongée dans son vice. Le ton des légendes est partout celui de la généralité; les personnages ou les scènes n'offrent pas entre eux de rapport évident. Cependant, les indices sont suffisants pour livrer clairement le message. Par exemple, les statistiques nous apprennent que l'alcoolique type est "dans ses années de productivité, entre 35 et 45 ans, plus intelligent et mieux instruit que la moyenne, marié avec 2 ou 3 enfants'': il n'en faut pas davantage pour que les photographies communiquent au lecteur toute la réalité et l'ampleur du problème. Rien ne vient atténuer l'allure résolument théâtrale de ces images. Les messages qu'elles livrent sont tristes, mais sans brutalité. En effet, aucune victime, aucune vraie tragédie ne dissimulent l'espoir que cherchent à faire naître les moyens d'intervention de la société.

Le reportage de Malak sur "La drave canadienne au printemps'' est loin de correspondre aux critères classiques du documentaire avec le chauvinisme condescendant de ses légendes et le rôle quasi accessoire, presque comique, joué dans ses images par les travailleurs saisonniers. L'excellente image qui introduit le sujet montre une vue de la rivière Gatineau où un énorme amas de billots attend la poussée des robustes draveurs. L'image suivante fait voir une carcasse qu'on porte à la cuisine du chantier pour satisfaire les non moins robustes appétits. Un instantané montre ensuite le dynamitage des billots, et suivent trois images des hommes. La première s'intitule "Un homme jouit d'un moment de calme durant la drave sur la rivière Gatineau''. L'individu en question porte sa perche sur l'épaule tandis que se profilent à distance les silhouettes de trois personnages poussant les billots. La seconde image montre les hommes en train de couronner leur "plantureux repas'' de bols de café fumant. La troisième représente deux hommes en train de s'adonner à la lutte indienne, "sport favori des bûcherons et des draveurs dans leurs moments de détente''. Pas un mot sur le travail dans le chantier, pas plus que sur les dangers de la drave. On est passé à côté d'une belle occasion de montrer des individus se livrant à une occupation inusitée. On a tout sacrifié à la tentation de faire de la réclame en faveur des statistiques flatteuses sur l'emploi, des investissements de capital, des politiques d'exportation et du Produit national brut. Qui étaient ces hommes? Nul ne le saura jamais.

Toutefois, ces reportages nous apprennent beaucoup sur la société de l'époque avec ses attitudes et ses priorités qui sont révélées, sinon toujours expliquées, par le choix des sujets et la manière de les traiter. En 1951, la notion du pluralisme culturel était aussi étrangère à la plupart des Canadiens que les jeux mystérieux auxquels se livraient les vieux de la communauté chinoise de Vancouver. Gar Lunney, en explorant ce milieu, a su y discerner l'esprit moderne à côté des survivances traditionnelles: par exemple, le chirurgien sino-canadien, le Dr. F.S. Chu, fait pendant au marchand de simples, Tve Chee. Le ton général du reportage est décidément en faveur de l'assimilation; les différences raciales et les craintes qui en résultent sont aplanies; et surtout l'on apprend que pour les jeunes, "les racines sont ici, au Canada''. Ce reportage culturel animé des meilleures intentions, comme d'autres dans la même veine, nous permet de comprendre le genre de tension que pouvait engendrer une certaine forme de condescendance aujourd'hui désuète. Nous pouvons nous demander si le gouvernement avait effectivement choisi de prêcher l'assimilation ou si cette mentalité correspondait à l'esprit de l'époque. Nous sommes mieux placés pour discerner, à travers les images racoleuses et le verbiage étourdi des textes, certaines positions plus que discutables sur la politique, la vie sociale ou l'inégalité des sexes. Nous pouvons croire que les reportages de l'O.N.F. représentent une sorte de juste milieu entre les bons sentiments populaires et la réaction paternelle du gouvernement. Même si l'O.N.F. n'agissait pas à titre de porte-parole du gouvernement, il est indéniable que l'organisme devait à l'Etat non seulement sa survie, mais sa réelle prospérité.

L'O.N.F. devait toujours conserver une distance raisonnable dans ses rapports avec le gouvernement, afin d'assurer la parfaite indépendance de ses travaux cinématographiques ou photographiques. Naturellement, pendant la guerre, le patriotisme n'offrait qu'une seule voie à tout le monde. Par la suite, le rôle de l'organisme apparut plus ambigu. En 1948, à la suite de tumultueux débats au Parlement et de virulentes attaques dans la presse, l'O.N.F. définit sa mission dans un mémoire soumis à la Commission royale d'enquête sur l'avancement des arts, lettres et sciences au Canada. ''L'Office national du film, disait-on, cherche à remplir son rôle de manière à correspondre à la mentalité du pays telle qu'elle est exprimée non seulement par le gouvernement mais aussi par l'action personnelle et communautaire dictée par les besoins locaux, nationaux ou internationaux, tant dans le domaine moral et esthétique que dans le champ politique.''[3] L'analyse de l'influence de ces trois forces, morale, esthétique et politique, sur l'activité de l'O.N.F. dépasse largement le cadre de cette introduction et relève jusqu'à un certain point de l'anecdote et de l'hypothèse. On peut néanmoins se faire une idée de ces problèmes en considérant les points ci-après.

Au cours des débats qui précédèrent la constitution de la Commission royale, l'O.N.F. avait été critiqué pour de prétendues tendances socialisantes, tandis que le Service de la photographie était accusé de concurrence déloyale avec l'entreprise privée. Cette dernière plainte venait des photographes commerciaux, souvent des vétérans, qui voyaient soudain leurs moyens d'existence menacés par la présence de photographes subventionnés par l'Etat, dans les entreprises et les manufactures d'une extrémité à l'autre du pays. L'O.N.F. envoyait ses photographes sur place pour réaliser des reportages. Par la suite, tout le matériel recueilli était versé à ses archives et le Centre de Photographie du Gouvernement Canadien offrait, au prix coûtant, des épreuves à ceux qui en faisaient la demande. Les propriétaires de manufactures, ravis de l'aubaine, ne manquaient pas de placer leurs commandes, privant ainsi d'un revenu substantiel leurs photographes locaux. Curieusement, les partisans de l'entreprise privée étaient tout aussi prompts à dénoncer l'espèce d'injustice commise par l'O.N.F. en ne visitant pas *toutes* les manufactures et en privant leurs propriétaires des bénéfices naturels de cette réclame. C'est à cette période que remontent les ordonnances très strictes relatives à l'activité commerciale du Centre de Photographie du Gouvernement Canadien. Les conséquences de cette controverse sur le sort des photo-reportages et sur le contenu de la photothèque sont plus difficiles à évaluer. Il est possible toutefois qu'on se soit plus ou moins détourné des petites industries pour favoriser plutôt les richesses naturelles, le tourisme, les programmes sociaux, l'éducation, la culture et ce qu'on appelle toujours ''la marche vers le progrès''.

Malgré un certain nombre d'exceptions notables, les reportages de la fin des années quarante et des années cinquante font peu de cas d'activités comme la manufacture ou la mise en conserve, pourtant dotées d'un indéniable potentiel photographique. Peut-être la responsabilité en revient-elle aux points de vue humanistes des photo-reportages, ou peut-être s'agit-il d'une certaine réticence à faire concurrence au secteur privé, à la suite des accusations de socialisme et des réductions de personnel et de budget. L'avenir du programme dépendait d'une diffusion considérable et d'un public satisfait. La distribution à l'étranger était assumée en collaboration avec le ministère des Affaires extérieures, chargé de fournir des renseignements sur ce que la curiosité générale mettait à l'ordre du jour. On doit relever parmi les thèmes les plus constamment populaires, le Canada: terrain de jeu naturel, le Canada: réserve inépuisable de truite et de minerai et le Canada: musée vivant des traditions et de l'artisanat. Il est naturel, dans le cas de reportages subventionnés par l'Etat, que soient passés sous silence la pauvreté, le chômage, les inégalités et, en général, le côté moins reluisant de l'existence. Ne font exception ici que les grandes catastrophes où, règle générale, l'héroïsme l'emporte sur le désespoir. Il n'en reste pas moins que si l'on constate une volonté de passer sous silence les travers de la société canadienne, il arrive que certains signes d'encouragement, comme la prospérité ou la croissance, soient passés sous silence de peur de déplaire aux photographes du secteur privé. Certains de ces photographes, de même que plusieurs jeunes amateurs doués, se mirent bientôt à vendre leurs travaux à l'O.N.F., complétant ainsi la mosaïque du Canada mais dérobant en même temps la place du photo-reportage.

Le premier inventaire des oeuvres photographiques du Service fut réalisé par Norman Hallendy au début des années soixante, afin de favoriser le débouché commercial de la photothèque. Le résultat des anciennes commandes, de même que les acquisitions récentes, avec des titres parfois aussi fantastiques que ''Fermiers volants du Canada'' ou ''Grosses bûches et vieilles dentelles'' furent reclassés et catalogués en raison de leur contenu pictural et de leur utilisation pratique. Un système d'index devait permettre de retrouver les images à volonté, sans toutefois en changer la cote de classification originale. On conserva l'ordre d'acquisition des oeuvres ainsi que l'intégrité de la sélection primitive faite à partir des planches contact. Certains réaménagements ultérieurs allaient autrement malmener la collection.

Un premier choix de 3 500 images fut publié en 1963 sous le titre de *Répertoire des photos du Canada*. Les quatre éditions suivantes allaient augmenter ce chiffre de 1 500 numéros chacune. Il suffit de repasser ces répertoires pour se faire une bonne idée de la croissance de la collection jusqu'à 1960 et des tendances générales dans le monde de la photographie canadienne, surtout en ce qui a trait à l'édition et aux relations publiques. La conception courante du Canada qui guidait les travaux du Service transparaît aussi. Le contexte, hélas, y est regrettablement absent, de même que les noms des photographes. Les tables alphabétiques ne contiennent aucun crédit, même si l'on doit supposer que l'usager le recevait en même temps que l'épreuve pourvue d'une légende complète. Les motifs et parfois aussi le véritable sujet de la commande originale restent nébuleux. Par exemple, une photographie, classée sous la rubrique *Divers*, est reproduite au milieu d'une page peuplée de chiens et de ratons assez peu sauvages. La légende donne simplement: ''Caniches, Montréal, P.Q.'', ne révélant nullement que l'image provient d'un reportage consacré à un célèbre mannequin canadien qu'on distingue pourtant à l'autre extrémité de la laisse. Sous la rubrique *Peuple*, nous trouvons des ouvriers de l'industrie du tabac photographiés dans des poses particulièrement expressives; or il s'agit de photogrammes extraits d'un classique de l'O.N.F., *The back-breaking leaf*. La rubrique *Architecture* présente une vue intitulée ''Epicerie du coin, P.Q.'', empruntée à un documentaire des années cinquante sur Montréal la nuit.

Le travail de Hallendy représente un effort plus que remarquable pour son temps. Après tout, la collection de l'O.N.F. existait pour servir. Il était inutile de s'occuper de la conserver sans songer aussi aux moyens de la remettre constamment en circulation dans le public. Son réaménagement eut pour effet de faciliter l'accès aux services d'information et d'illustration de l'O.N.F. et, du même coup, de faire augmenter son tirage.

En 1984, les bibliothécaires des Archives publiques Canada, qui conservent tous les négatifs de l'O.N.F. datant d'avant 1962, achèvent de reconstituer l'ordre original de ces premiers travaux. Le système de classification qu'ils ont mis au point comprendra aussi une table des matières qui permettra d'isoler l'oeuvre de chaque photographe dans l'ensemble de la collection. De son côté, le Service a déjà commencé à utiliser son programme d'expositions pour tirer parti de la vitalité et de l'audace affirmées par cette époque. Les premières réalisations de l'O.N.F., portraits, propagande, documentaires et reportages, constituent une mine de renseignements sans précédent sur les attitudes d'une époque. C'est également sur ces robustes fondations que s'élaborèrent les entreprises des années soixante, quand le Service s'éloigna de l'activisme cher à Grierson.

La réorientation des années soixante est distinctement encadrée par deux événements: d'un côté, la nomination, en 1960, de Lorraine Monk à la tête du Service de la photographie; de l'autre, la création, en 1970, d'Information Canada, centre fédéral de communications dont la brève existence marqua l'O.N.F. de manière décisive.

Cette décennie se caractérisa par des années d'activité et d'innovation. Un organisme de proportions modestes produisit trois succès de librairie, prépara un montage d'importance pour l'exposition universelle, inaugura une galerie qui présenta douze expositions, lança six volumes *Image* et, enfin, entreprit un programme d'expositions itinérantes qui avait pour mission de répandre partout au pays l'idéal de photographie canadienne du Service. Ce fut l'âge de raison de l'art photographique canadien. Cette forme d'art, désormais reconnue par les grands musées et les agences culturelles, devenait aussi la matière de programmes universitaires. La vulgarisation de sa technique ne cessait de lui gagner des adeptes et de nouveaux courants d'idées, affluant constamment de l'étranger, contribuèrent à son enrichissement.

La Galerie nationale du Canada, sous la direction de Jean Sutherland Boggs, fonda une collection de photographies en 1967. James Borcoman en devint le conservateur. En 1974, à l'occasion d'un numéro spécial de *artscanada* sur la

Gar Lunney Extrait du reportage "La communauté chinoise de Vancouver, la plus importante de tout le Canada": Lettres non réclamées dans la vitrine du *Chinese Times*, 1951
From the photostory *Vancouver's Chinatown Largest in Canada*: Undelivered letters in the window of *The Chinese Times*, 1951

Gar Lunney Extrait du reportage "La communauté chinoise de Vancouver, la plus importante de tout le Canada": Adolescents sur un court de tennis de Stanley Park, 1951
From the photostory *Vancouver's Chinatown Largest in Canada*: Teenagers on a tennis court in Stanley Park, 1951

photographie, Peter C. Bunnell passait en revue l'inventaire de cette collection et cherchait les motifs qui avaient poussé la Galerie nationale à s'engager avec autant de conviction dans cette nouvelle entreprise:

> En 1957, la Galerie recommença à présenter régulièrement des expositions de photographies, mais la plupart de celles-ci étaient empruntées à d'autres établissements. Citons des expositions comme *La grande famille des hommes* de Steichen, *Images à la sauvette* de Cartier-Bresson, *The Photographer and the American Landscape* ainsi que la présentation d'oeuvres de J.-P. Morisset, Donald Buchanan, Yousuf Karsh, Arnold Newman, Robert Capa, Philip Pocock, Roloff Beny, Jacques Lartigue, Walker Evans et d'autres.[4]

Bunnell jugeait "remarquable" cette collection qui n'existait que depuis sept ans. Il attribuait son mérite à la décision de "collectionner des oeuvres d'importance internationale, indépendamment de toute provenance, qui illustrent aussi complètement que possible le développement de la photographie depuis ses origines en 1839".[5] Sans oublier, bien sûr, le dynamisme et l'érudition de Borcoman lui-même.

Les Archives publiques Canada, qu'on a déjà mentionnées comme dépositaires du fonds de l'O.N.F., collectionnaient des photographies depuis 1907. En 1964, on y inaugura une section spéciale ayant la responsabilité expresse de recueillir et de conserver des documents privés et publics relatifs à l'histoire de la photographie au Canada.

A la fin des années soixante, les fonctionnaires du Conseil du Trésor s'intéressèrent aussi momentanément à ces diverses collections. Ils étudièrent les mandats des trois organismes fédéraux afin d'assurer leur coexistence pacifique et de délimiter le champ d'action propre à chacun. L'O.N.F. se vit alors confirmer dans sa mission spécifique de collectionner la photographie canadienne contemporaine.

Le médium photographique gagnait encore d'autres partisans. Le Conseil des Arts du Canada étendit son programme de subventions à la photographie et au cinéma expérimental. En dehors du domaine fédéral, Philip Pocock réunit un comité consultatif prestigieux, où figuraient Robert Doisneau, L. Fritz Gruber, Yousuf Karsh et Beaumont Newhall, en vue de préparer *Regards sur la terre des hommes*, une exposition internationale de photographies pour EXPO 67. Les possibilités dans le domaine de l'édition avaient été grandement élargies: *A Nostalgic View of Canada* de Donald Buchanan et *The New City: a prejudiced view of Toronto* du photographe Henri Rossier et de l'écrivain Pierre Berton

témoignaient de changements profonds. L'image continuait de primer dans le monde des périodiques. Un nombre croissant de professionnels, d'amateurs et d'admirateurs, incités – semble-t-il – par la fièvre du Centenaire à découvrir du talent chez les leurs, s'intéressait de plus en plus à la photographie. Il était difficile d'imaginer terrain plus propice pour les nouvelles initiatives mises de l'avant par le Service de la photographie.

Dans une mémoire présenté au Conseil d'administration de l'O.N.F., en janvier 1969, Lorraine Monk dressa le bilan de son mandat de producteur exécutif. A son entrée en fonctions, écrivait-elle, elle disposait de dix employés, d'un budget de 85 000$ et d'un espace de 3 000 pieds carrés. Le Service avait su consolider l'acquis des reportages, des commandes et des archives, et il avait su également s'adapter à toutes les situations. Un bon nombre de mots nouveaux étaient venus enrichir son vocabulaire comme "exposition", "publication", "photographie esthétique", "galerie" et surtout "crise", terme retenu pour caractériser la triste situation de la photographie au sein de l'O.N.F. Lorraine Monk pouvait se permettre de s'adresser sur ce ton au Conseil: ce dernier connaissait l'effort extraordinaire déployé par le Service pour la préparation de trois livres récents et très estimés, dotés de généreux budgets à l'occasion du Centenaire: *Canada du temps qui passe*, *Témoin d'un siècle* et *Ces visages qui sont un pays*.

Ces ouvrages marquèrent un point tournant dans le monde canadien de l'édition. On reconnut immédiatement leur niveau élevé de perfection technique et leur caractère innovateur. Ces publications ouvraient une nouvelle voie au Service, dont la carrière de producteur de livres commémoratifs devait culminer neuf ans plus tard à l'occasion du Bicentenaire des Etats-Unis. Curieusement, Lorraine Monk s'était d'abord laissée séduire par le concept de l'exposition et son double thème de la terre et des hommes avait initialement été soumis comme projet d'exposition, puis rejeté faute de fonds. Elle devait se réjouir quand commencèrent à arriver de partout les commandes de photographies encadrées tirées des livres du Centenaire. Son activité se partagea désormais entre les publications et les expositions. Cependant, son plus grand titre de gloire est celui d'éditeur de livres illustrés.

Les trois livres, qui firent sensation dans les années soixante, sont à première vue sensiblement différents l'un de l'autre, même si l'utilisation de certains procédés typographiques et de mise en page contribuent à donner un air de famille à leur contenu. C'était l'époque de l'image reproduite à pleine page. *Canada du temps qui passe* est le plus connu et le plus grand des trois livres. De format horizontal, il mesure 15½″ sur 12¼″, ce qui représente un défi tant pour le lecteur que pour le relieur. L'allure des images y est franchement romantique: des champs enveloppés de brume et des horizons teintés d'ambre, des troupeaux vus de très loin et des fleurs montrées de très près, des bateaux accompagnés de leur reflet dans l'eau et des feuilles d'érables dans toute la gamme des couleurs possibles. Deux cent soixante photographies, la plupart en couleurs, sont espacées dans la version française par la prose de Jean Sarrazin et dans la version anglaise par le texte de Bruce Hutchison. Les paysages représentent autant d'expériences solitaires. Peu d'intrusions humaines viennent troubler, chez le lecteur, la communication avec la nature. Les légendes et les crédits sont relégués à la fin du livre, ce qui fait jouer au photographe le rôle d'un magicien silencieux. Mais, convaincu par le texte qu'il s'agit bien là du Canada photographié par des Canadiens et pour des Canadiens, le lecteur se sent poussé non seulement à partager ces visions romantiques mais même à se les approprier franchement.

Témoin d'un siècle nous fait pénétrer dans un univers différent. Le sentiment national y est aussi puissant, mais il s'y exprime avec une tout autre assurance. Il s'agit en effet de notre plus grand monument historique, le Palais du Parlement, photographié, comme jamais auparavant, par des artistes de premier ordre. La commande avait été répartie entre Chris Lund et Malak. Le premier devait exécuter toutes les vues d'intérieurs ainsi que les scènes extérieures en noir et blanc, tandis que le second se réservait les vues en tons pastels qui rythment le documentaire et en adoucissent la sévérité. Lund devait résoudre ingénieusement les difficultés sans nombre posées par la décoration compliquée de l'édifice gothique. La Rotonde de la Confédération, avec son calme olympien, semble contredire le fait même de la présence du photographe, pourtant là, affairé devant son appareil, sculptant les recoins les plus obscurs avec ses lampes au magnésium. La Chapelle du Souvenir, et peut-être quelques autres images, sombrent presque dans le mélodrame avec leurs angles artificiels et leurs perspectives déformées, mais, en règle générale, la technique n'est jamais plus manifeste que Lund lui-même. Cet essai photographique est accompagné d'un bref commentaire soulignant l'histoire et l'architecture de l'édifice. Chaque image étant soigneusement placée dans son contexte, elle contribue ainsi à la perception générale du sujet. Singulièrement, dans la courte introduction du livre, on refuse de reconnaître à celui-ci tout contenu historique ou architectural. On ne parle que d'un ''essai photographique sans prétention: l'appareil explore les coins les plus éloignés, découvre un détail secret, enregistre les métamorphoses que leur imposent saisons et années''. Le rôle inconfortable d'informateur du Service ressort également dans son avertissement à *Ces visages qui sont un pays*, où il semble renier son expérience antérieure, c'est-à-dire les photo-reportages, lorsqu'il déclare:

> Ce volume, délibérément, n'identifie personne sur les plans géographiques ou ethniques, cette publication ne se voulant pas être une étude socio-économique, encore moins un relevé statistique de la population canadienne. Il ne sera non plus fait mention des endroits où les photographies ont été prises. Ces précisions seraient superflues dans le cas présent où seul l'instant photographique compte.[6]

Ce livre, tout comme les deux autres, fut publié en français et en anglais, mais avec des modifications significatives. A tel point qu'il serait légitime de parler de quatre publications du Centenaire: *Témoin d'un siècle*, c'est-à-dire *Stones of History*; *Canada du temps qui passe* et son équivalent anglais *Canada/A year of the land*; *Call them Canadians* dans une présentation de Leslie Smart, avec des vers de Miriam Waddington et finalement *Ces visages qui sont un pays* préfacé et poétiquement annoté par Rita Lasnier avec une maquette de Pat Gangnon. Evidemment, ces deux derniers volumes comptent plusieurs éléments communs, mais leur maquette et leur choix d'images diffèrent sensiblement. *Ces visages qui sont un pays* se remarque surtout du fait qu'il donne les crédits photographiques à chaque page. Dans *Call them Canadians*, le passionné de photographie a l'occasion d'admirer à loisir plusieurs emprunts aux oeuvres de Michel Lambeth, Lutz Dille, Michael Semak, Pierre Gaudard, Edith et Guenter Karkutt, John Max et Nina Raginsky, mais les attributions précises demeurent purement hypothétiques. L'archiviste de l'O.N.F. est seule à détenir ce secret dans son exemplaire annoté. Il est surprenant de voir, dans l'édition française, le photographe aussi franchement encouragé. Cette reconnaissance de l'artiste créateur devait se poursuivre dans la plupart des volumes de la collection *Image*. Enfin, dans la collection *Signature*, chaque volume est consacré au mode personnel de communication choisi par un individu.

Ces visages qui sont un pays et *Call them Canadians* rendaient hommage à la personne en face de l'appareil, captant le geste révélateur ou le détail inattendu, le moment décisif ou l'instant de tendresse, en somme toutes les humeurs d'un pays ''trop vaste pour la solitude''.[7] Ces deux volumes, épuisés depuis trop longtemps, renferment l'un et l'autre d'excellentes photographies.

Ce succès dans le domaine de l'édition avait marqué profondément et pour longtemps l'orientation du Service. Sept parmi les huit premières expositions présentées à la Galerie de l'Image de la rue Kent, à Ottawa, s'inspirent de matériel déjà publié ou destiné à la publication. Il n'entrait pas dans les moeurs du temps d'exposer les précieuses épreuves signées par le photographe. La création de la Galerie de l'Image ne fut autorisée par l'O.N.F. que dans la perspective d'un avenir commercial. On y vit un moyen de promotion pour les services offerts par le Centre de Photographie du Gouvernement Canadien, qui consentit à couvrir les frais du système d'éclairage. La Galerie fut inaugurée par *Canada du temps qui passe*. Entre 1967 et 1970, on ne relève qu'une seule exposition qui n'ait pas été empruntée à la série *Image*: *Les arts traditionnels du Québec* de J.-P. Morisset, exposition présentée avec un essai sur le Mexique tiré (et viré au chlorure d'or!) par le Centre à partir des négatifs de Pierre Gaudard. Les autres expositions correspondaient aux six premiers numéros de la nouvelle série *Image*, de simples livres brochés de petit format (9″ sur 8½″) consacrés à la photographie. La série n'avait rien du catalogue raisonné. Les livres ne contenaient ni dissertation esthétique, ni analyse de style, ni même les dimensions des oeuvres. Hors deux regrettables exceptions, ils étaient également dépouillés de poésie ou de propagande. Chaque *Image* illustrait un thème au moyen d'une série de photographies présentées à raison d'une par page, accompagnées de légendes et de crédits, placés soit directement sous l'image, soit à la fin dans un index paginé.

Les six premiers thèmes choisis méritent qu'on s'y attarde car ils illustrent remarquablement l'orientation prise par le Service dans les années soixante-dix et la politique de pluralité culturelle qui devait être à tour de rôle le grand bienfaiteur de l'organisme et son plus terrible ennemi.

Image 1, intitulé *Lutz Dille et son univers*, reproduisait une exposition présentée à la Galerie durant l'été 1968. Originaire d'Allemagne, Dille s'était établi en 1953 à Toronto pour y travailler tour à tour comme caméraman et comme photographe. Son entregent en fit rapidement une vedette à l'O.N.F. *Image 1* représente un univers somme toute assez limité. Le livre contient 83 photographies dont un tiers proviennent de Toronto. D'autres localités canadiennes, de même que Londres, Naples, New York et Mexico fournissent la matière du reste. Le sens de l'image propre à Dille constitue le véritable dénominateur commun. Par exemple, le Londonien de classe moyenne mâchant son cigare fait écho au Torontois aisé qui suce son pouce. L'esprit vif et malicieux de Dille prend prétexte de répétitions dans les gestes ou les rapports humains pour nous convaincre de l'universalité du message de son livre. En dernière analyse, on doit constater que l'élément de raison, ici, est moins la race humaine que le tour d'esprit du photographe. Sa verve comique est encore d'actualité.

Image 2 était présenté comme le premier d'une série d'annuaires consacrés par l'O.N.F. à la photographie artistique au Canada. Le survol annuel constituait un forum familier du Service qui avait participé à plusieurs expositions d'envergure internationale et qui avait contribué à organiser l'Exposition internationale de photographie de Bytown, tenue dans la capitale l'année précédente. Pris comme annuaire, *Image 2* se montre un peu trop généreux: certaines des images retenues datent en effet des années cinquante. La portée réelle de ce livre est celle d'un inventaire de la photographie d'art dans le Service et son but est de proposer un nouveau rôle à l'O.N.F. Cette série d'expositions ''fera le point sur la situation de la photographie au pays et se révélera une source d'encouragement et d'émulation pour l'avancement de l'art de la photographie au Canada.''[8] La collection, quoique étendue, n'était pas sans faille: les 149 photographies retenues provenaient toutes d'Ottawa, de Montréal ou de Toronto. *Image 6* devait ensuite combler partiellement cette lacune par la présentation d'oeuvres de photographes de l'Ouest. C'est encore dans *Image 6* qu'apparaît pour la première fois le nom de Ronald Solomon. Sa courte introduction est importante parce qu'elle constitue une de ses rares déclarations écrites. Sélectionneur d'images depuis 1966 jusqu'à sa mort prématurée en 1974, Solomon a joué un rôle de premier plan tant dans le développement de la collection qu'auprès des photographes eux-mêmes, dont il abordait tous les travaux avec la même considération respectueuse. Cette approche est clairement exprimée dans ses propos pour *Image 6*.

> *Image 6* démontre les soucis constants qu'ont les photographes canadiens de présenter le monde actuel; leurs images sont des interprétations personnelles d'une société en constante ébullition. Dans son rôle de commentateur, le photographe est de plus en plus conscient des relations qu'a entre sa propre vision, la qualité de ses images et leurs effets sur le spectateur. Il y a dans cette analyse de situations des efforts sérieux déployés afin de clarifier les messages, les mettant ainsi à la portée de l'homme de la rue de plus en plus intéressé à tout ce qui est visuel.

Michel Campeau Stage organisé par Ron Solomon (debout, septième à partir de la gauche) dans le Parc de la Gatineau, 1973
Weekend photographic workshop organized by Ron Solomon (standing, seventh from left) in Gatineau Park, 1973

Le profond respect de Solomon pour l'individualité transparaît déjà dans *Image 3: Sous d'autres cieux*, à première vue une manifestation du talent canadien à l'étranger, mais au fond quelque chose de plus. Cette exposition réunit, en effet, des oeuvres produites dans des pays étrangers et des images apportées de leur pays d'origine par les nouveaux Canadiens. Certaines de ces images portent les premiers numéros d'inventaire de la plus récente innovation du Service, la Collection de la photographie esthétique, destinée à recueillir des ensembles d'oeuvres des photographes canadiens les plus estimés. En acquérant ces anciennes oeuvres de Paul von Baich, Guenter Karkutt, Sam Tata et Larry Weissmann, le Service se définissait en tant que collectionneur et prenait ses distances avec l'ancien mot d'ordre de l'O.N.F. de "faire connaître le Canada aux Canadiens". Le Service franchissait une étape de plus en présentant, dans *Image 6*, les photographies classées alphabétiquement par nom d'artiste. C'était implicitement reconnaître que chaque photographe cultivait un style essentiellement individuel. Celui-ci, au lieu de se faire l'instrument relativement neutre qui fournissait à ses compatriotes certaines informations sur leur milieu, devenait l'interprète de son univers et de convictions non moins personnelles. C'était l'idéal qui a inspiré le recueil de photographies du Ghana prises par Michael Semak, intitulé *Tant qu'il y a la vie*. Ce volume *Image 4* ne forme toutefois qu'une réalisation imparfaite. L'auteur lui-même avait moins prévu un recueil qu'un essai très libre. Il lui arrive de bien sentir son sujet, mais les temps forts du livre sont considérablement affaiblis par certaines mièvreries, pour ne rien dire des poèmes. On feuillette le volume sans rien apprendre de vraiment solide sur l'accession à l'autonomie d'un jeune pays, à tel point qu'on en vient à souhaiter la présence de statistiques. En revanche, le volume nous dit tout du vide laissé par l'exclusion du photographe du processus décisionnel.

Image 5 a pour titre *cela commença par un rêve et ce fut la Création*. C'est un montage de photographies, de poésie et de musique qui vise à évoquer le monde du rêve. De format relativement restreint, le livre nous présente dix séquences, entremêlées de poèmes, groupant six à dix images extrêmement différentes de sujet et d'aspect. Les majestueux paysages de Robert Bourdeau et des scènes chargées d'intensité telle l'image, reproduite ici, de la mère et du fils de John Reeves se juxtaposent à des photogrammes tirés de films de l'O.N.F. et à des clichés empruntés aux archives de la marine; le tout suggère un invraisemblable capharnaüm des idées freudiennes de rituel, d'évasion, d'amour, de désir, d'innocence, de brutalité, de solitude, d'écrasement et de mort. Le contexte faussement surréaliste imposé aux photographies détruit leur sens primitif pour les transformer en autant d'éléments d'une nouvelle construction impressionniste. La présence de photographes dans cet univers n'est guère qu'un accident, ce qui a poussé au moins un lecteur à reprendre à son compte le vers initial de la jeune Penelope: "Qu'est-ce alors qui m'amène ici?"

Le goût actuel ne tolérerait aucun des montages *Image*, qui lui paraîtraient trop recherchés et trop sujets à détourner le spectateur de la raison d'être des oeuvres. L'aménagement des expositions dans les années soixante présentait invariablement un caractère expérimental; on animait l'espace avec des constructions et des accessoires tridimensionnels et on réglait les déplacements du spectateur dans un environnement audio-visuel avec une précision quelquefois digne de manoeuvres militaires. L'aspect de l'épreuve sur le mur était également différent. Les photographies étaient le plus souvent montées sur un support de matière synthétique et les images complètement émargées. En outre celles-ci étaient le plus souvent groupées, au lieu d'être accrochées en rang simple ou double comme aujourd'hui. La facture des tirages pouvait varier, mais il n'était pas rare de voir d'énormes agrandissements où la grossièreté de la surface granuleuse comptait moins que l'effet de surprise sur le spectateur. La recherche dans la présentation était de mise. En 1955, les lignes nettes et dépouillées de *La grande famille des hommes* avaient défini les normes d'exposition pour la photographie d'expression. A la même époque, l'apparition d'un graphisme puissamment coloré dans la peinture et la gravure avait obligé la photographie à faire un effort spécial pour ne pas demeurer dans l'ombre. *Image 5* présente un cas intéressant, pour ne pas dire unique, de ce genre de préoccupations.

Chaque "rêve" est présenté selon un procédé particulier où on utilise une gamme de techniques et de matériaux susceptibles de mettre en valeur la polyvalence du laboratoire. Relevons la pseudo manière noire, c'est-à-dire le transfert de l'image sur une pellicule à contretype; les émulsions photosensibles appliquées directement sur des tissus ensuite assemblés à la façon des courtepointes; la pellicule Kodalith permettant au spectateur de voir à travers l'image; le cliché offset qui imitait le ferrotype en tirant un négatif en demi-ton sur planche encrée de couleur rouge brique. "L'auto-animation", dont on trouve une illustration à la page 11, sollicitait la participation active du spectateur: des images transparentes éclairées de l'arrière, suspendues au-dessus de surfaces réfléchissantes souples se mettaient à bouger au moindre déplacement d'air, provoquant des effets de mouvement et de distorsion. De tels procédés démontrent le pouvoir réel que détenaient les producteurs d'une exposition. Ce genre d'intrusion ne pourrait être toléré de nos jours où l'intervention du conservateur se borne à placer chaque oeuvre ou chaque série d'oeuvres de manière à laisser l'artiste adresser son message le plus directement possible au spectateur. *Cela commença par un rêve et ce fut la Création* choisissait de s'adresser à l'intuition plutôt qu'à l'intelligence et, par là, diminuait le pouvoir de communication de la photographie et son rôle dans la collection. Reconnaissons que c'était un piège tentant pour un organisme d'Etat, qui possédait tous les négatifs et en détenait tous les droits, de les utiliser à sa guise.

Dans les années quarante et cinquante et au début des années soixante, la photothèque s'enrichissait de photographies provenant exclusivement des commandes. Le souci d'actualité entretenu par le rôle d'informateur du Service et les besoins nouveaux résultant de ses activités de créateur nécessitèrent des changements dans l'évaluation des commandes, au cours des années soixante. Le Service se mit à faire des acquisitions, non seulement pour les besoins de la Collection de la photographie esthétique, mais pour accroître les dossiers de sa photothèque. Il y avait mille et une façons de passer les commandes. Tantôt les contrats étaient accompagnés d'instructions rigides, tantôt ils venaient pour ainsi dire sans aucune restriction, comme dans le cas de l'odyssée annuelle qui aurait pu s'intituler "Lund s'en va dans l'Est et Lunney dans l'Ouest", à moins que ce n'eût été le contraire. Mais d'autres photographes avaient besoin de directives plus précises. Il suffit d'évoquer deux séries de commandes pour en faire ressortir la diversité.

A l'occasion d'EXPO 67, le Service imagina de présenter un imposant montage réunissant un nombre de planches tirées aux couleurs de l'automne de manière à figurer des feuilles d'érable. Ces sept cents planches photographiques, chacune de cinq pieds sur trois pieds, illustraient un relevé statistique du peuple canadien et de ses activités. Chaque élément de l'arbre, le tronc, les branches et les racines, était chargé de signification symbolique. Pour les seules feuilles, il avait été nécessaire de commander un très grand nombre d'images. On s'était adressé à des photographes parfaitement familiers avec tel ou tel milieu humain et capables de suivre les instructions des producteurs au pied de la lettre. Pour "l'arbre-photo", ces instructions se lisaient ainsi:

Nous incluons une feuille indiquant les activités qui nous intéressent, réparties par âge approximatif et par sexe. Voici quelques exemples: chez les hommes, les loisirs pourraient consister en sport, marche, etc., ou regarder la télé..., converser, relaxer, danser, ou se livrer à son passe-temps favori. Pour les femmes, shopping, tricotage, lecture, sorties, et regarder la télé.

La catégorie ''mangeant'' pourrait être manger et boire à la table familiale ou ailleurs. Le travail pour les femmes: travaux ménagers, soins d'un bébé, travail de bureau ou de manufacture. Les soins de toilette, le maquillage, par exemple.

Chacune de ces photos devra montrer une personne approximativement grandeur nature. Les photos devront donc être prises de format vertical afin de représenter une personne de la tête aux pieds, ou proportionnée. La tête du sujet pourra être dans le coin droit inférieur, laissant de l'espace pour un arrière-plan aussi intéressant que possible. Je vous envoie cinq photos pour vous donner une idée de ce que nous désirons. Nous aimerions avoir 42 photos illustrant ces diverses activités; voyez ce qu'il vous sera possible de faire dans les trois jours assignés. Après avoir vu les photos, je serai à même de savoir ce qu'il restera à photographier.[9]

A l'opposé, ''Nudité au foyer'', thème qui figure dans plusieurs commandes, semble pouvoir se passer d'explications. A première vue, ce genre de rubrique servait à former des photographes, parfois même à les aider à traverser des difficultés financières, tout autant qu'à répondre aux besoins de l'O.N.F. et de sa clientèle. En retour de l'aide qui leur était prodiguée, les photographes soumettaient sans se faire prier leurs idées d'expositions innovatrices et n'hésitaient jamais à faire part de leurs critiques constructives. De même, des commandes passées en bloc ont donné des images désormais classiques, comme le petit garçon de Michael Semak sous la rubrique ''Gens du Canada''. C'est durant cette période que le Service a bâti sa réputation de protecteur des jeunes talents, grâce à son prestige et grâce à la promotion de son image de marque. Le dialogue entre l'artiste et l'organisme, une fois amorcé, pouvait donner des résultats étonnants.

Les beaux jours des années soixante tiraient à leur fin. La fortune qui avait souri aux entreprises du Service commença à lui fausser compagnie. L'effervescence nationale et le désir d'être connu à tout prix, engendrés par le succès d'EXPO 67 et des fêtes du Centenaire, se virent tempérés par la création d'un nouvel organisme, Information Canada. Celle-ci prit en charge la photothèque de l'O.N.F., son programme de photo-reportage, son rôle de conseiller du gouvernement en matière de photographie et, enfin, le Centre de Photographie du Gouvernement Canadien. La nouvelle venue recruta de précieux membres du personnel, dont Richard Sexton, Chris Lund, John Ough, Gaston Lapointe et Hélène Proulx, pour n'en nommer que cinq. La photothèque, dont l'importance historique et nationale commençait à être reconnue, fut mise dans l'obligation de faire ses frais et vit ses acquis éparpillés. Le Service n'eut le droit de conserver qu'une partie de ses acquisitions: la collection de photographies artistiques qui lui revenait de plein droit et la partie des documentaires qui étaient demeurés inaccessibles au public. Le personnel réussit à sauver, en plus de l'ensemble de la Collection de la photographie esthétique, les travaux de la série Image et des publications du Centenaire, de même que divers documents rassemblés à la hâte. Le reste fut divisé en deux parts: la plus ancienne prit le chemin d'Archives publiques Canada et l'autre, de valeur commerciale encore actuelle, fut attribuée à la nouvelle Photothèque. Les premières commandes furent ainsi éparpillées arbitrairement pour des motifs bassement mercantiles sans espoir de jamais revoir le jour sous leur forme d'origine.

Dans un conte de fées, on parlerait ici de métamorphose et de renouvellement. D'une part, ce fut la fin d'une collection importante, sans espoir de reconstitution éventuelle. La publication de chaque photo-reportage avait représenté un véritable sondage d'opinion auprès du public canadien. Toute commande en provenance d'un ministère, même la plus banale, avait fourni l'occasion d'approfondir certaines préoccupations sociales ou politiques qui pouvaient enrichir le programme documentaire du Service. L'interruption des photo-reportages et des commandes abolit ces deux importants points de repère. A partir de ce moment, le Service s'intéressa davantage à l'art photographique comme tel et dut compter davantage sur les conceptions personnelles du photographe dans l'élaboration de travaux documentaires. Les nouvelles attributions du Service, sans qu'il s'en rendit bien compte, confirmèrent que ce dernier avait su tirer son épingle du jeu. Les publications, la Galerie de l'Image, les expositions itinérantes, la participation aux grandes expositions, tout cela semblait revenir au Service. Que ce dernier ait réussi à marquer des points dans tous ces domaines sans sortir du cadre délimité par l'O.N.F. et sans perdre de vue la dynamique changeante de la photographie canadienne, cela apparaît comme le dernier chapitre et la conclusion de l'histoire récente du Service.

Que le Service continue, même après 1970, d'acquérir les oeuvres qu'il expose: cela restera aussi une source d'étonnement pour les familiers du fonctionnement des musées. Cette façon de faire, simple marque de continuité dans l'activité d'une agence créée pour emmagasiner des images, demeure le trait distinctif et l'indice infaillible de la santé de la collection. De volumineux

ensembles de photographies documentaires et de monographies illustrant telle ou telle période dans l'oeuvre d'un photographe sont conservés intégralement comme ils ont été diffusés par l'O.N.F. Le Service ayant fréquemment sollicité l'avis des photographes, pour la sélection de leurs images comme pour leur organisation en séquences, ses dossiers font une large place à la correspondance et aux déclarations des artistes. Ce sont là les archives les plus complètes de la pluralité dans la photographie canadienne contemporaine. Dans certains cas, le style propre à un artiste apparaît déjà dans des reportages réalisés, en début de carrière, pour le compte de l'O.N.F. Ainsi, l'oeuvre future des Michel Lambeth, Nina Raginsky et Michael Semak révèle déjà son caractère dans leurs premiers travaux.

Il faut cependant souligner certaines exceptions à cette politique d'achats systématiques: l'exposition Iran de Roloff Beny, présentée au Centre des sciences de l'Ontario en 1975, ainsi que les recherches holographiques de Al Razutis incluses dans Photo 77, furent empruntées ou louées pour l'occasion. Cette pratique avait fait son apparition depuis que les galeries, à la suite d'interminables démêlés avec le Front des artistes canadiens, avaient accepté de verser des redevances à leurs exposants. Le Front n'a jamais trouvé à redire au procédé du Service, qui payait convenablement l'artiste, ne se réservant que les droits d'exposition. Les années soixante-dix étaient bien loin du temps où la photothèque acquérait l'exclusivité d'un négatif pour la somme de 25$.

La politique d'achat du Service a rendu possible un éventail impressionnant d'expositions itinérantes disponibles à peu de frais partout au pays. Ces acquisitions ont aussi contribué à la réalisation ou à l'achèvement de tel ou tel projet. Au cours des années soixante-dix, les commandes ont été réservées à des entreprises spéciales comme la recherche préparatoire du volume Entre Amis. Les sujets libres ont disparu complètement. Dans le débat sur les droits d'auteur, le Service s'est rangé sans réserve du côté des artistes qui cherchaient à faire reconnaître la valeur de leur travail. En embauchant un photographe, le gouvernement s'était toujours réservé les droits exclusifs sur sa production. Une telle pratique s'avérait de plus en plus problématique aux yeux d'un Service amputé de ses archives et qui reconnaissait de plus en plus le mérite propre de l'artiste. Quand le programme d'affectations réapparut au cours des années quatre-vingt, on sollicita de la part des photographes une collaboration plus étroite.

Les oeuvres acquises en vue d'expositions sont passées entre les mains d'un nombre de sélectionneurs recrutés à l'intérieur ou à l'extérieur de l'O.N.F. Au fil des ans, plusieurs concours ou demandes de soumissions ont été lancés. CANADA/c'est quoi? suscita plus de 5 000 définitions du Canada. Photographie 25 et Photographie 75, en s'adressant respectivement aux jeunes et aux femmes, vinrent combler, à point nommé, des lacunes de la collection. Manitoba/Saskatchewan/Alberta et Parallèles atlantiques voulurent niveler certaines disparités de représentation régionale. Des juges mis au courant de ces objectifs évaluèrent les soumissions et recommandèrent l'acquisition des oeuvres. Ron Solomon de l'O.N.F. et le photographe Robert Bourdeau furent chargés de sélectionner les images pour Photographie 25. CANADA/c'est quoi? fut conçu par un groupe d'étudiants, dont Pierre Dessureault alors à l'Université d'Ottawa. James Borcoman, conservateur à la Galerie nationale, fit le choix des oeuvres pour Manitoba/Saskatchewan/Alberta.

Un bon nombre de galeries commerciales ou parallèles aidèrent à hausser la cote de la photographie dans le courant des années soixante-dix. Le Service se fit un devoir de répondre à leurs invitations répétées et de se pencher sur les travaux signalés par elles. La collection s'est enrichie d'oeuvres achetées à Montréal, à la Yajima/Galerie et la Galerie Gilles Gheerbrant; à Toronto, à la Mirvish Gallery, la Baldwin Street Gallery, la Jane Corkin Gallery, la Burton Gallery of Photographic Art, Déjà Vue, la Carmen Lamanna Gallery, la Ydessa Gallery et la Sable-Castelli Gallery de même qu'à la Nova Gallery et la Coburg Gallery de Vancouver. Plusieurs de ces galeries ont depuis fermé leurs portes mais le rôle de leurs animateurs dans l'émergence de nouveaux talents et la formation d'un public averti s'est révélé de première importance pour la croissance de la collection.

Cependant, la plupart des oeuvres soumises au jugement du Service, provenaient des photographes eux-mêmes. Après la mort de Ron Solomon, de jeunes assistants à la production étaient chargés d'évaluer toutes les soumissions pour ne transmettre à Lorraine Monk que les plus prometteuses. C'était elle, à titre de producteur exécutif, qu'incombait la responsabilité d'acquérir, conformément aux allocations budgétaires, les oeuvres indispensables au programme. Rencontrant souvent elle-même les photographes, elle encourageait les débutants par l'achat spontané de leurs travaux et invitait les vétérans à contribuer aux plans à long terme. Son

John Ough Vernissage de *Polyptyque deux* de Normand Grégoire: dispositif d'exposition à la Galerie de l'Image conçu par Alain Leduc, Ottawa, 1970
Opening of Normand Grégoire's *Polyptych two* designed by Alain Leduc for the N.F.B. Photo Gallery, Ottawa, 1970

ouverture aux propositions émanant de photographes a donné lieu à plusieurs réalisations telles que *B.C. Almanac(h) C.-B.* et *13 Caméras/Vancouver*, réalisations collectives d'artistes de Vancouver. Pareillement, *Visions Terrestres*, commandées à Judith Eglington à la suite de recherches préliminaires, menèrent à une exposition solo, à une publication et à un diaporama.

La photographie canadienne du début des années soixante-dix s'est épanouie sous le signe de l'expérimentation. La formule d'exposition solo se prêtait plus volontiers à la spéculation artistique qu'à l'élaboration de discours érudits. Plusieurs photographes, notamment Normand Grégoire et John Max, reçurent carte blanche pour occuper la Galerie et y développer leurs concepts. De plus, la politique d'acquisition, ne fixant d'autre critère que celui de ''l'excellence'', laissait champ libre aux soumissions et aux projets favorisant l'individualité.

En 1977, l'acquisition d'une part substantielle de l'oeuvre de Robert Frank fut l'occasion d'influencer l'orientation et la conduite du Service. Il s'agissait de produire une première véritable rétrospective. La singularité des images de Frank obligeait à prendre conscience des conventions qui avaient jusque-là régi leur diffusion. Il fallait aussi rappeler l'existence de ses livres et de ses films. Une recherche s'imposait qui ne pouvait se borner aux goûts et aux opinions d'un conservateur mais qui devait traduire la pérennité d'une oeuvre abondamment étudiée. Cette approche marque un changement dans la façon dont le personnel du Service s'est occupé de la collection. C'est aussi à ce moment-là que Lorraine Monk quitta Ottawa pour Toronto, d'où elle dirigea les activités du Service pendant quelque temps, avant de prendre sa retraite.

Une somme d'aptitudes, d'expérience et de compétences personnelles faisait la force de l'équipe qu'elle laissait derrière elle. Certains avaient joint les rangs de l'O.N.F. à l'époque des reportages et de la photothèque. D'autres venaient d'être recrutés à titre d'encadreurs, de rédacteurs ou d'assistants à la production. Maureen Cumbers assura la transition et confia la direction artistique à trois producteurs: Pierre Dessureault, Martha Hanna et moi-même. Les plans prévus par Monk, de même que les engagements pris antérieurement, devaient être honorés. Par la suite, les producteurs, à tour de rôle, allaient assurer la conception et la réalisation des expositions. Un changement d'attitude résulta de cette nouvelle répartition des tâches. Le programme, nourri d'idées neuves, commença à puiser à même les ressources de la collection. Tout en endossant les principaux objectifs hérités de Monk, c'est-à-dire l'aide aux photographes et le maintien de la Galerie, les producteurs se donnèrent de nouvelles priorités: le réaménagement de la collection selon un système de classification et de conservation adéquat, une présence accrue sur le plan national par le biais d'un programme d'expositions itinérantes, la rédaction à intervalle régulier d'un bulletin d'information et, finalement, la publication d'un répertoire d'expositions itinérantes et de catalogues d'expositions. Discrètement, dans la ligne de l'histoire et avec de l'imagination, les trois producteurs procédèrent à une réévaluation de la collection, tenant compte des origines multiples des photographies réunies et des besoins comblés par celles-ci. Le processus devait aussi relever les diverses raisons ayant motivé les acquisitions. La valeur intrinsèque des oeuvres demeurait le critère ultime, mais les multiples besoins du Service n'étaient pas oubliés pour autant.

Le Service avait recruté un public, grâce au mérite de ses expositions et à la hardiesse de ses présentations. Les photographies continuaient d'être diffusées de la même manière que durant les années précédentes. Les formules éprouvées d'exposition et de publication cédaient occasionnellement la place à des manifestations de prestige à l'intérieur ou en plein air, aux diaporamas et finalement à la vidéo. Une évaluation de ces moyens s'impose pour mesurer l'impact des activités du Service.

Entre Amis fut certainement la publication canadienne la plus réputée de ce temps. Le projet, doté d'un budget de 1,1 million de dollars et qui employa 27 photographes, produisit un volume commémoratif qui fut offert en cadeau aux Etats-Unis à l'occasion de leur Bicentenaire. L'exposition tirée de l'ouvrage fut présentée à Chicago, New York et Atlanta. Au Canada, elle fut inaugurée au Stampede de Calgary, puis effectua une tournée qui l'amena à la Galerie de l'Image en 1976 et, l'été suivant, au Centre de conférences du gouvernement à Ottawa lors de *Photo 77*. A cette occasion, la photographie canadienne triompha au Centre durant neuf semaines.

Cet événement marqua le point culminant d'une série de manifestations annuelles amorcée en 1972. Après des débuts modestes, le festival n'avait cessé de croître au cours des cinq étés qui suivirent, pour devenir enfin une présentation monumentale regroupant plus de 600 photographies, des hologrammes et diaporamas qui attirèrent plus de 60 000 visiteurs. Le Centre, théâtre de prestigieuses réunions d'envergure nationale et internationale, avait été complètement transformé pour l'occasion. Ses vastes salles avaient été divisées en espaces d'exposition par le ministère des Travaux publics, selon les plans dressés par le Service. Ces galeries temporaires furent démantelées à la fin de l'été. L'importance de ces mises de fonds provisoires et l'engouement suscité par ces manifestations apportèrent des arguments à l'appui du plan de Lorraine Monk pour créer un musée de la photographie.

L'idée de tenir des expositions dans des lieux publics, à l'intérieur ou en plein air, répondait au désir de rejoindre un public sans cesse grandissant et disséminé à la grandeur du pays. Deux dispositifs d'exposition furent mis au point pour concrétiser ces intentions. Le premier fut conçu à l'occasion de la présentation, au Centre national des arts, de *Les Musiciens* de Walter Curtin qui fut par la suite montré à Toronto, au Roy Thomson Hall. Le second accomodait *Vos photos… notre histoire!* qui fit l'objet de présentations dans des parcs, des terrains de foire ou des centres commerciaux du pays.

Vos photos… notre histoire! résulte d'un concours national. Chaque participant pouvait soumettre jusqu'à dix photographies relatives à l'histoire du Canada. Les découvreurs et les explorateurs du pays furent évoqués par de rutilantes images en couleurs des constructions témoins de leur passage, tandis que les temps modernes s'ouvrirent sur des instantanés en noir et blanc du retour au pays des combattants de la Première grande guerre. Le défi, pour le designer, consistait à disposer 360 photographies par ordre chronologique tout en tenant compte des conditions météorologiques particulières au visionnement en plein air. Ainsi naquit cette espèce d'album de famille dont le spectateur était invité à tourner les pages d'aluminium et d'acrylique et dont la photographie, prise au Nathan Phillips Square de Toronto, est reproduite à la page 14.

La malléabilité de cette structure se révéla l'antithèse de l'autre forme de présentation éminemment populaire qu'est le diaporama. Conçu à l'origine comme un moyen de projeter fidèlement les diapositives 35 mm des photographes animaliers, ce médium a gagné, avec le temps, en complexité technique et formelle. A la projection, les images s'animaient en fondus enchaînés sur trois écrans. Les producteurs recherchaient constamment l'effet dans les textures et les formes, soulignaient tel détail en l'isolant de l'ensemble ou en le mettant en parallèle avec un autre, ou encore faisaient contraster des scènes d'hiver et d'été. La trame sonore, composée de musique et de bruits ambiants, venait rehausser l'occasion. Des réalisations subséquentes, comme *En passant dans les rues* de Lori Spring, mettaient sur un pied d'égalité le texte et l'image.

En 1981, Jennifer Dickson traita, dans *Il Paradiso Terrestre*, les trois écrans comme autant d'éléments d'un triptyque animé. La conception et la réalisation du diaporama, de même que le choix de Michael Bänger pour la création de la trame sonore, revenaient aussi à Dickson. L'apport du Service à cette oeuvre extrêmement complexe et intensément personnelle d'une artiste indépendante, était d'ordre purement technique. Par après, *Il Paradiso Terrestre* fut retravaillé: on réduisit les trois écrans à un seul et on transposa cette version finale sur vidéo. Cette variante, préparée à l'occasion d'une exposition au Centre culturel canadien de Paris, représenta la première tentative satisfaisante pour mettre ces ouvrages complexes à la disposition d'un large public. Une trentaine de diaporamas furent produits à partir des travaux des photographes Ted Grant, Bruce Litteljohn et Frank Lapointe. Un certain nombre de ces présentations purent atteindre des auditoires éloignés d'Ottawa.

Le titre *Vue: le photographe canadien* se rapporte à une série de productions compactes destinées à un public spécialisé. Ces diaporamas, pour lesquels l'appareillage technique est réduit à sa plus simple expression, présentent les conceptions et les pratiques d'un photographe par le biais de ses réflexions, de ses souvenirs et de ses images. Freeman Patterson, Gabor Szilasi, Pierre Gaudard, Claire Beaugrand-Champagne, Sam Tata, Walter Curtin et Chris Lund figurent notamment à ce programme. Gregory Dru, Pierre Dessureault et Martha Hanna ont d'abord interviewé les photographes et effectué une sélection parmi leurs oeuvres, puis ils ont conçu une séquence de ces images et dirigé le montage de la bande sonore réalisé par Clement Leahy. Cette série de présentations simples et uniformes abordent leur thème de façon on ne peut plus orthodoxe, tout en respectant scrupuleusement l'intégrité des images et en apportant un soin particulier à faire concorder la partie visuelle et les propos des photographes. Les commentaires et les interventions de l'interviewer ont été écartés.

De nombreux travaux dont la portée diffère considérablement — certains appartiennent au monde de l'art et d'autres à celui de l'information ou du pur divertissement — composent l'héritage transmis par le Service. Au cours des années soixante-dix, celui-ci connut des difficultés dont l'origine se situait moins dans la diversité et la nature expérimentale de ses entreprises que dans sa propre inaptitude à justifier ses activités.

Au cours de la décennie précédente, le Service avait franchi une étape importante en délaissant la production d'images utilitaires pour reconnaître la valeur intrinsèque de la photographie. Au début des années soixante-dix, il jouait consciencieusement son double rôle d'intermédiaire entre le photographe et le public et de commentateur des faits et gestes des Canadiens. Il s'aventurait rarement à interpréter les photographies. Il lui semblait plus raisonnable de se faire l'arbitre du goût que de prononcer des jugements qui engageaient. Un examen minutieux du programme révèle les principes directeurs du Service et les tendances inspirant la conception des expositions. Mais ces dernières, pas plus que les publications, ne fournissent d'indices sur ces attitudes et elles demeurent, encore aujourd'hui, difficiles à expliquer.

Le rôle joué par les sélectionneurs de photographies et les assistants à la production oeuvrant avant 1978 est souvent impossible à évaluer, étant donné le caractère spontané de la plupart des initiatives. Les débats suscités par l'élaboration des programmes et la croissance de la collection avaient rarement un caractère officiel et se déroulaient le plus souvent au téléphone ou en privé. Telle est la rançon de l'accessibilité qu'il est souvent impossible d'attribuer la responsabilité d'une acquisition. De plus, survenaient des changements substantiels dans les choix initiaux sans qu'en soient consignées les raisons.

Le ton mordant de la volumineuse correspondance de Lorraine Monk nous renseigne en détail sur le combat quotidien pour la survie. Ses conférences retracent l'histoire du Service et traitent du rôle et de l'importance de la photographie. Mais elle a rarement fait part de ses opinions sur une photographie en particulier. En toute justice, Lorraine Monk, comme nombre de ses contemporains, considérait probablement qu'une image forte s'imposait d'elle-même et que la fréquentation assidue de la photographie forcerait l'appréciation du public. *Impressions* et *Image Nation*, deux magazines influents, défendaient le même point de vue. C'est la diffusion des oeuvres qui occupait entièrement Lorraine Monk. Le cycle annuel d'expositions et de publications était des plus exigeants. La Galerie de l'Image prenait souvent l'aspect d'un monstre insatiable qui avait besoin de sa ration trimestrielle d'expositions pour éviter la fermeture.

Après coup, il est tentant d'avancer qu'une fois délesté de sa photothèque, le Service aurait eu tout avantage à s'orienter vers la réflexion et la recherche, tout comme il aurait mieux fait de délaisser les acquisitions-subventions au profit d'un énoncé clair de ses objectifs. Ni son mandat, ni son histoire ne le préparait à ce rôle, lui qui s'était toujours vu comme une unité de production bourdonnante et dont la mission consistait à émettre des bulletins de santé sur la photographie canadienne afin d'assurer leur survie commune. Ses nombreux communiqués préconisaient la nouveauté, la recherche et le pluralisme des sujets, des approches et des opinions. Le programme s'inspira abondamment d'idéaux sur l'art et la société prêchés par la génération pleine de ferveur brouillonne des années soixante.

Durant plus de dix ans, les images les plus disparates furent rangées, sans aucune arrière-pensée, sous les étiquettes ''descriptives'' et ''expressives''. Les photographies empreintes de cordialité prises par Claire Beaugrand-Champagne à Disraëli, au Québec, s'inscrivaient dans la première catégorie. Les épreuves expérimentales au Polaroid réalisées par Michael Torosian et publiées sous le titre de *Nocturne* se rangeaient dans la seconde. Les deux séries trouvèrent place à la Galerie, chacune dans un contexte approprié. La première fit partie de *La vie quotidienne*, qui regroupait six facettes de la mosaïque canadienne. La deuxième profita de l'isolement et de l'atmosphère feutrée de la Petite galerie pour livrer son message.

Les procédés n'étaient pas toujours aussi transparents. A l'occasion, le contexte pouvait venir désamorcer les idées exprimées par les oeuvres. Il va de soi qu'une photographie produite par un Canadien reflète la mentalité de son auteur. Cependant, si ce point de vue prône l'autonomie du Québec, l'agence fédérale, investie du pouvoir de faire la part de l'illusion et de la réalité, s'empressera de mettre celle-ci au compte des opinions personnelles plutôt que de reconnaître son potentiel subversif. Interpréter le Canada, un idéal encouragé par la ''Loi relative à l'Office national du film'', s'était transformé en un vaste fourre-tout accueillant toutes les fantaisies. Vers la fin des années soixante-dix, Pierre Dessureault a colligé les photographies témoignant de la Révolution tranquille, dispersées dans *CANADA/c'est quoi?*, *Photographie 25* et quelques autres monographies. L'exposition résultant de cette réévaluation s'intitule *Photographie documentaire au Québec — début des années '70* et retrace l'idéalisme collectif qui incita les jeunes documentaristes à consigner le remue-ménage actuel et à sonder le passé rural pour mieux affronter l'avenir. Ce montage fut produit sans faire appel à d'autres légendes qu'aux graffiti ou aux réclames omniprésentes dans les images.

Jusqu'à la fin des années soixante-dix, tout texte accompagnant une photographie éveillait la suspicion. Les légendes n'avaient pas droit de cité et les notes d'ordre technique étaient tenues pour surannées. Le photographe consumé de forme et d'universalité avait laissé sa marque. Edna Varrin MacDonald, longtemps photothécaire à l'O.N.F., obtenait pour toute réponse un sourire narquois ou un air hautain quand elle osait demander à un producteur quelle légende il convenait d'ajouter à une photographie. Le sens de la mesure, propre aux années quatre-vingt, nous fait souvent regretter que des questions aussi légitimes soient restées sans réponse.

Un état d'incertitude chronique, quant au statut du Service par rapport à l'O.N.F., a ajouté à l'imprécision de ses relations avec le public. Des photographies de paysages tombaient dans la catégorie des documents dès qu'elles avaient été prises au pays. Des vues semblables réalisées à l'étranger échappaient au domaine de l'information pour atteindre le registre de l'émotion et devenir des manifestations de la sensibilité canadienne.

Des légions de critiques ont passé au peigne fin les activités du Service se demandant à qui mieux mieux s'il s'agissait ''d'art ou de photographie''. Il est tout à l'honneur du Service de s'être tenu à l'écart de cet ennuyeux débat issu en ligne droite du dix-neuvième siècle. D'un autre côté, il n'était pas à son avantage d'utiliser le mandat de l'O.N.F. pour jeter de la poudre aux yeux des artistes dont les oeuvres étaient exposées sans que l'on fasse état de leurs intentions.

La tendance actuelle oblige à une plus grande candeur. Lorsque Gary Wilson intitule un de ses récents paysages ''Vue extérieure du bord de la fosse, plâtrière près de Windsor, comté de Hants, Nouvelle-Ecosse'', il n'est pas permis de douter de ses intentions: il s'agit de communiquer au spectateur un éventail de connaissances éminemment actuelles sur ce site. Le choix du lieu et du moment résulte d'une volonté manifeste chez Wilson. Le conservateur qui choisit de présenter son oeuvre affirme du même coup sa solidarité. A l'opposé, lorsque Bourdeau coiffe son paysage de la note laconique ''Utah, 1976'', il nous renvoie moins à la géographie qu'à sa propre spiritualité. Ce titre incite le spectateur à se recueillir pour retrouver les intentions filtrant à travers la riche épreuve.

Malgré sa longue collaboration avec Bourdeau, le Service a mis du temps à se pencher sur sa brillante technique et sur sa maîtrise de la composition et du tirage. Cela n'arriva que quand Martha Hanna réunit des acquisitions récentes réalisées à l'appareil grand format en vue de les comparer. Pour faire contrepoids à ces préoccupations formelles, *Cibachrome*, produit en 1979, rassembla des oeuvres de facture particulièrement hétéroclite, sous la poussée de l'enthousiasme provoqué par l'apparition d'un nouveau procédé.

Les expositions thématiques, jadis chasse gardée de la rêverie et du merveilleux, réhabilitèrent les lieux communs dans les expositions *Environnements* et *Eléments* produites par Pierre Dessureault. Dans un autre ordre d'idées, *Le Paradis* répertoria les manifestations religieuses et profanes du surnaturel. *Mots et Images*, produit par Martha Hanna, s'en tient rigoureusement à son titre: l'exposition proposait un tour d'horizon des diverses combinaisons possibles entre l'écriture et la photographie.

Plusieurs expositions d'importance ont servi à attester les règles et la pertinence du genre documentaire. *A l'écart du reste du monde — Conversations avec des Doukhobors canadiens de la Colombie-Britannique* de Robert Minden fut présenté en tournée à la grandeur du pays. Le catalogue, rédigé en anglais, en français et en russe, faisait état des réactions suscitées dans la communauté par le document de Minden. *Les Ouvriers* de Pierre Gaudard, portrait révélateur de la classe ouvrière québécoise, d'abord publié en 1971, sous le titre d'*Image 10* et exposé sous forme de murales monumentales, fit l'objet de modifications et fut remis en circulation en 1984. *Document*, produit par David Barbour, mit en lumière des approches et des centres d'intérêt nouveaux dans la photographie documentaire. Les travaux de Fred Cattroll sur la boxe et de James Stadnick sur les mineurs témoignèrent du renouvellement du genre.

En 1979, les trois producteurs s'attelèrent à leur première collaboration: la conception d'un tour d'horizon du photo-reportage. Des travaux extrêmement variés de photographie d'actualité et de photographie éditoriale, produits par Richard Harrington, George Zimbel, Grant Ponton et Denis Plain, vinrent combler des lacunes de la collection. Pierre Dessureault reprit certains de ces thèmes dans *Sur Commande* qui retraçait l'évolution du reportage depuis les années cinquante jusqu'aux années quatre-vingt. Cette exposition empruntait aux fonds d'archives du Service et montrait le passage d'un journalisme froid et figé à force d' "objectivité" aux morceaux de bravoure qui paraissent aujourd'hui dans *Saturday Night*. Le Service se remit à commander des travaux aux photographes en 1983. Michael Mitchell fut envoyé au Nicaragua, tandis que Pamela Harris se vit confier la tâche d'explorer les conditions d'existence des assistantes familiales de la région de Toronto. Finalement, l'une des dernières expositions présentées à la Galerie de l'Image replaçait dans l'actualité les intentions d'*Image 3*. *Acquisitions récentes* démontra, en 1982, les richesses de la collection en annexant des oeuvres de conception et de virtuosité rares aux énoncés de leurs auteurs et des producteurs de l'exposition.

Un chapitre était clos. En revanche, le Service, comme le médium, avait grandement évolué. La Collection de la photographie esthétique, ébauchée par Lorraine Monk et Ron Solomon avec la bénédiction du Conseil du Trésor, loin de ses timides débuts, était passée à une vision concertée de l'art photographique. Le rôle de documentariste du Service s'étendait maintenant à des sujets internationaux, engageant de ce fait la responsabilité sociale et politique des Canadiens. Ces principes directeurs du Service furent énoncés dans une politique approuvée par le Conseil d'administration de l'O.N.F. en mars 1983.

Je m'étais fixé pour objectif cette ratification de notre véritable rôle lors de ma nomination à la direction du Service en 1981. La collection pouvait alors continuer de s'enrichir en puisant aux deux inséparables ressources de la photographie. La contribution vitale des expositions offertes par le Service à un réseau canadien de galeries s'en trouvait fortifiée. Les publications réalisées de concert avec le secteur privé faisaient l'objet d'encouragements. Finalement, la Galerie de l'Image constituait le centre nerveux des opérations en regroupant sous un même toit les salles d'exposition, la collection, un centre d'information, une bibliothèque, ainsi qu'un studio d'audio-visuel et les bureaux de l'administration. Ce projet, ayant survécu aux embûches bureaucratiques, était sur le point de se réaliser au début de l'hiver 1983. La recherche préparatoire à *Photographie canadienne contemporaine* s'est amorcée dans ce climat électrisant.

Le trio qui a fait ses premières armes sous la gouverne de Maureen Cumbers reste fidèle aux objectifs qu'il s'était fixés. C'est dans cet esprit qu'a été conçu le présent ouvrage. Pierre Dessureault, Martha Hanna et moi-même, avons voulu, par nos choix, moins donner un résumé de la collection que faire ressortir son excellence. Nous pouvons affirmer sans hésitation que les images retenues parmi les productions d'une trentaine d'années, nous plaisent particulièrement. Quand vint le moment de fixer nos choix parmi quelque 150 000 pièces, nous fûmes les premiers étonnés de nos découvertes.

Notre méthode procède de l'évidence. Dans un premier temps, nous avons parcouru les dossiers pour extraire les images piquant notre curiosité. Ensuite, nous avons consulté les archives pour nous assurer d'une représentation équitable de l'histoire récente du Service, tout en évitant de reprendre des images publiées dans le passé, même si exceptionnellement, nous avons dû faire entorse à la règle. Nous avons épluché les registres d'acquisition et les divers reportages pour retracer l'évolution de certains thèmes. Nous avons remis en question nos souvenirs et nos goûts, réexaminant nombre d'images

jusqu'à ce que nous soyions absolument sûrs de nos choix. Le montage de l'ouvrage pouvait débuter. Le déroulement du livre suit de près la chronologie, tout en laissant libre cours à certains rapprochements qui n'ont d'autre but que de ravir l'oeil. Les notes en fin de volume fournissent quelques explications sur les circonstances ayant entouré la production des photographies, leur signification et la place qu'elles occupent dans ce répertoire de la vie artistique et culturelle canadienne.

Ironie du sort, au moment où paraît le présent ouvrage, la collection de photographies réunies depuis quarante-cinq ans par l'O.N.F., va passer sous la responsabilité des Musées nationaux du Canada. Ainsi se termine l'expérience de Grierson au chapitre de la photographie.

L'esprit utilitaire de cet homme et la valeur des photographes avaient pourvu la collection de solides assises. Les vues et la tenacité de plusieurs se sont inspirées de sa définition de la photographie et ont fait appel à l'ingénuité et au mystère de l'image pour défier les idées reçues sur l'art et la communication. Ce processus fut fécond. Le terrain d'entente entre l'expression et les idées s'est déplacé à mesure que les ajouts à la collection trouvaient écho dans le public et engendraient, avec le même dynamisme et la même verdeur qu'au dix-neuvième siècle, des formes innovatrices et des pratiques inédites. Le Service a généreusement contribué à cette vigueur. David Barbour, photographe qui fut à l'emploi du Service durant deux ans, a eu l'idée de cet ouvrage et a effectué les démarches préliminaires à sa publication. Nous lui adressons nos remerciements de même qu'à tous les artistes dont les oeuvres forment le coeur de cette collection.

Martha Langford
Traduction sous la direction de
Pierre Dessureault

Notes

1. *Grierson on Documentary*, comp. par Forsyth Hardy, Harcourt, Brace and Company, New York, 1947, p. 229.
2. Chris Lund, interviewé par Pierre Dessureault pour le diaporama de l'Office national du film du Canada *Vue: Le photographe canadien*, le 4 novembre 1982.
3. Citation tirée de l'histoire de l'Office national du film de Marjorie McKay, document réalisé à l'occasion du 25ième anniversaire de l'Office et publié par la suite sous le titre *A History of the National Film Board of Canada*, Imprimeur de la Reine, Ottawa, 1964, chapitre 6 du manuscrit de l'auteur.
4. Peter C. Bunnell, "The National Gallery photographic collection/A Vital Resource", dans *An inquiry into the aesthetics of photography*, comp. par Geoffrey James, An artscanada book, publié à Toronto par la Society for Art Publication; publié pour la première fois dans *artscanada* en décembre 1974, volume XXXI, numéros 3 et 4, fascicules 192/193/194/195, p. 40.
5. Bunnell, p. 40.
6. Lorraine Monk, *Ces visages qui sont un pays*, Imprimeur de la Reine, Ottawa, 1968, non paginé.
7. Miriam Waddington, *Call them Canadians*, sous la direction de Lorraine Monk, Imprimeur de la Reine, Ottawa, 1968, p. 243.
8. Lorraine Monk, *Image 2*, Office national du film du Canada, Ottawa, 1968.
9. Texte tiré des dossiers de production du Service de la photographie sur "l'arbre-photo": description du projet fournie par l'équipe de rédaction du Service de la photographie à un groupe de photographes travaillant sous contrat.

27 **George Hunter**

Professor John Satterly, University of
Toronto Physics Department, lectures on
the properties of liquid air
1950

Le professeur John Satterly du département de physique
de l'Université de Toronto fait
une démonstration des propriétés de l'air liquide
1950

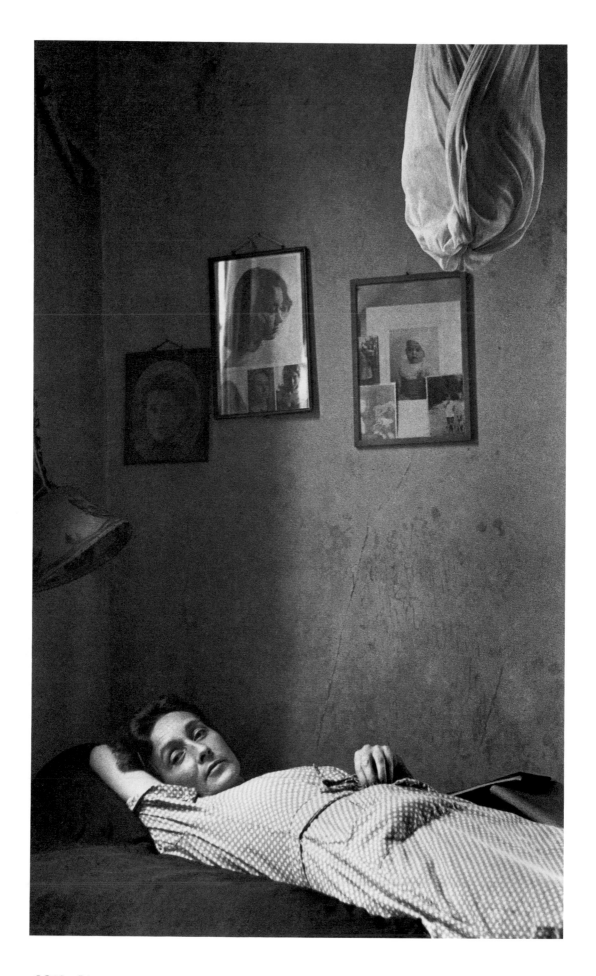

28 | **Sam Tata**

Tatiana Perfilieff, artist, Shanghai
1949-1952

Tatiana Perfilieff, artiste, Changhaï
1949-1952

29 **Michel Lambeth**
Royal Ontario Museum, Toronto
1957

Musée royal de l'Ontario, Toronto
1957

Richard Harrington

A toy much loved by Inuit of all ages,
Spence Bay, N.W.T.
1951

L`un des jouets favoris des Inuits de tout âge,
Spence Bay (T.N.-O.)
1951

31 **Kryn Taconis**
Children, School for the Deaf, Milton, Ontario
1964

Enfants, école pour les sourds, Milton (Ontario)
1964

32 **Marcel Cognac**

Montréal (Québec)
1957

Montreal, Quebec
1957

33 | **John de Visser**
Spiritualist Church Session, Toronto
1964

Séance d'une église spiritualiste, Toronto
1964

34 **Tom Gibson**

San Miguel, Mexico
1968

San Miguel (Mexique)
1968

Yousuf Karsh
Jean-Paul Riopelle
1965

36 **Ted Grant**

Prime Minister David Ben Gurion inspects Guard of Honour of the Canadian Guards, Ottawa
1961

Le Premier ministre d'Israël, M. David Ben Gourion, inspecte la garde d'honneur des Canadian Guards, Ottawa
1961

Toronto (Ontario)
1966

Chris Lund

Mrs. Bernard (Betty) Gallagher turns hem of dress she is making for daughter Monica, 10. The Gallaghers live on a farm near Chiswick, Ontario.
1953

Mme Bernard (Betty) Gallagher met la touche finale à la robe qu'elle a confectionnée pour sa fille Monica, 10 ans. Les Gallagher possèdent une ferme près de Chiswick (Ontario)
1953

V. K. Anthony
French Village. Nova Scotia
1968

French Village (Nouvelle-Ecosse)
1968

Boris Spremo

Racers, Toronto Police Games at Varsity Stadium,
Toronto. Ontario
1965

Coureurs, Jeux de la force constabulaire de Toronto au stade
Varsity, Toronto (Ontario)

41 **John Reeves**

Bridegroom and his mother
1962

Le marié et sa mère
1962

42 | John Flanders

"The Wayward Bus" lunch stand, Dunrobin, Ontario
c. 1966

Casse-croûte "The Wayward Bus", Dunrobin (Ontario)
c. 1966

43 **Richard Pierre**
Tie Vote, incumbent mayor and family   Vote à égalité des voix, maire actuel et sa famille
1969   1969

44 **Larry Weissmann**

Man and Child. Toronto
1968

Homme et enfant. Toronto
1968

Michael Semak
Untitled
1966

Sans titre
1966

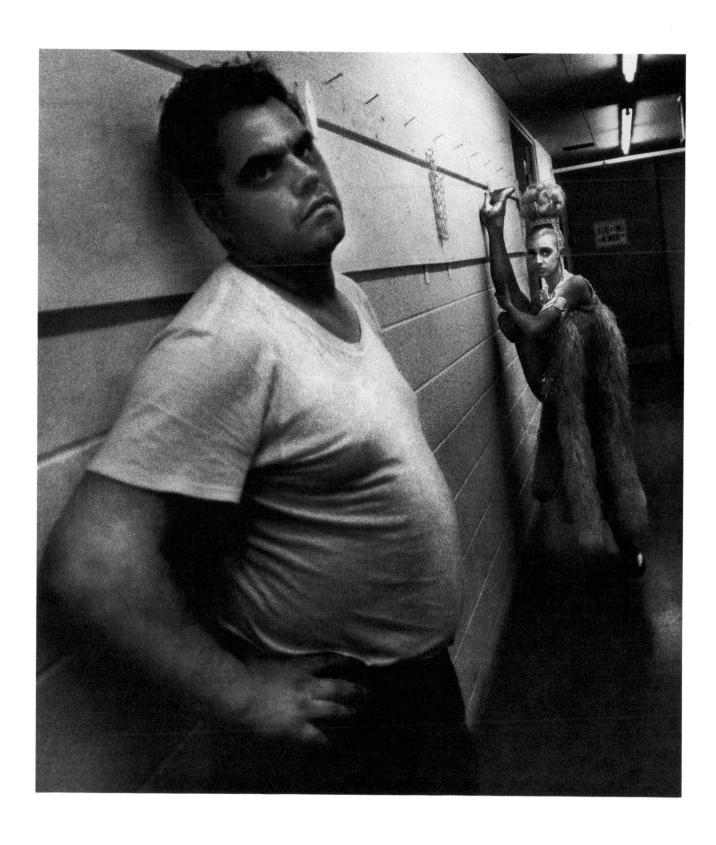

46 **Michel Saint-Jean**

Jardin des Étoiles, La Ronde, Montréal (Québec)
1967

Garden of Stars, La Ronde, Montreal, Quebec
1967

47 **Ronald Labelle**
Membre des Satan's Choice, Montréal   Member of Satan's Choice, Montréal
1967   1967

Charles Gagnon

John Max
1966

49 | **John Max**
Untitled   Sans titre
c. 1960   c. 1960

Normand Grégoire

Le cri, détail N° 3, extrait de la série *Polyptyque Y*   The Cry, detail No. 3, from the series ''Polyptych Y''
1968   1968

51 **Judith Eglington**

Untitled, from the series *Earth Visions*
1972

Sans titre, extrait de la série *Visions Terrestres*
1972

Toronto, Ontario
1972

Toronto (Ontario)
1972

53 **Roger Charbonneau**

Slogan Féministe, boulevard Dorchester, Montréal Feminist slogan, Dorchester Boulevard, Montreal
1972 1972

Pierre Gaudard

*Manifestation des chômeurs de l'est de
Montréal*, extrait de la série *Les Ouvriers*
1969

Demonstration of the unemployed in East Montreal, from his series
on workers
1969

Bruno Bilodeau, Route 1, Disraëli
1972

George Thomas

Patrick Tompkins Family, Margaree, Cape Breton
1972

La famille Patrick Tompkins, Margaree, Ile du Cap-Breton
1972

Pamela Harris
Mrs. Parsons in her kitchen, Trout River, Newfoundland
1972

Mme Parsons dans sa cuisine, Trout River (Terre-Neuve)
1972

58 **Louise Turner**

Fort George, Quebec
1972

Fort George (Québec)
1972

Laura Jones
A young family
1971

Une jeune famille
1971

60 **Michael Torosian**

Allan Gardens, Toronto
1973

Jardins Allan, Toronto
1973

Douglas Beube

Joe Sherman Clown, Clyde Bros. Circus
1973

Le clown Joe Sherman du cirque Clyde Bros.
1973

Randy Saharuni
Untitled
1972

Sans titre
1972

63 | Shun Sasabuchi
Dazaifu tenmangu Temple.
Futsukaichi city, Kyushu, Japan
1976

Temple Dazaifu tenmangu,
Futsukaichi, Kyushu (Japon)
1976

Gabor Szilasi

Mme Alexis (Marie) Tremblay, Île aux Coudres (Québec)
1970

Mrs. Alexis (Marie) Tremblay, Île aux Coudres, Quebec
1970

65 | **Geoffrey James**
Untitled   Sans titre
1974   1974

66 **Hubert Hohn**

Untitled
1973

Sans titre
1973

Orest Semchishen

St. Mary's Ukrainian Greek Catholic Church, Waugh, Alberta
1973

Église catholique ukrainienne grecque St. Mary's, Waugh (Alberta)
1973

David Miller

Grain Elevator No. 1, Port of Montreal
1976

Silo à céréales N° 1, Port de Montréal
1976

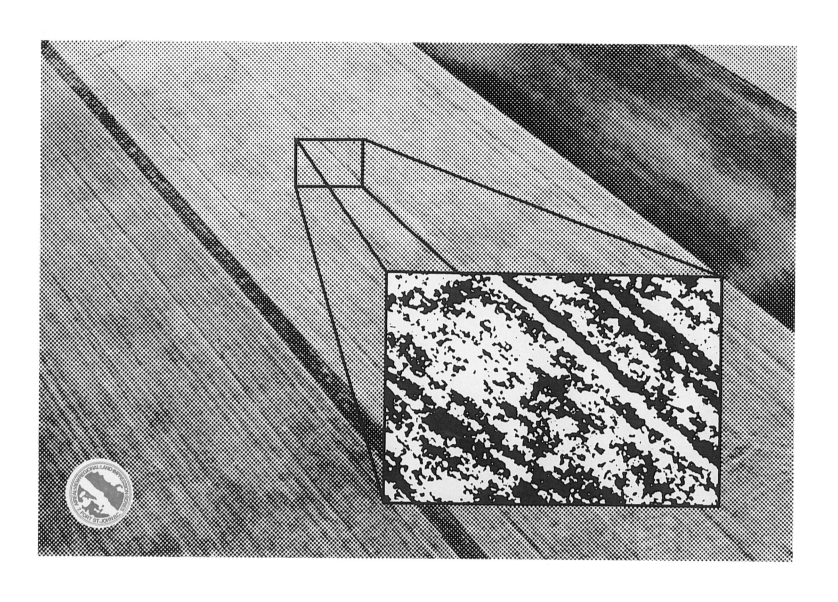

Michael deCourcy

Fort St. John, from the series *Aireal View:*
Regional Land Impressions of British Columbia
1973

Fort St. John, extrait de la série
Topographie régionale, Colombie-Britannique
1973

71 John C. Walker
Laurentians, Quebec
1974

Laurentides (Québec)
1974

B.A. King

Joy
1971

Joie
1971

"Environnement transformé no 1 – dot-scape" 29/100   serge Tousignant 1975

Serge Tousignant
Environnement transformé № 1 – Dotscape   Transformed environment No. 1 – Dotscape
1975   1975

74 **Egon Bork**

Peyto Lake, Banff National Park
1969

Lac Peyto, Parc national de Banff
1969

75 **Daniel Conrad**
Untitled   Sans titre
1975   1975

Carl J. Tracie

Hailstorm south of Calgary on No. 2
1974

Tempête de grêle au sud de Calgary, sur la N° 2
1974

Freeman Patterson

New Brunswick
1978

Nouveau-Brunswick
1978

78 | Gabor Szilasi

Chambre à coucher; M. et Mme André Houde;
Lotbinière (Québec)
1977

Bedroom, Mr. and Mrs. André Houde, Lotbinière, Quebec
1977

Clara Gutsche
Helen
1975

80 **Walter Curtin**

Louis Quilico and Carlo Maestrini, Opéra du Québec,
Place des Arts, Montreal
1974

Louis Quilico et Carlo Maestrini, Opéra du Québec,
Place des Arts, Montréal
1974

Judith Eglington

Carlos Giron, Mexico,
from the series *The Athletes*
of the XXI Olympiad
1976

Carlos Giron, Mexique,
extrait de la série *Les athlètes de la*
XXIème olympiade
1976

82 **Pierre Gaudard**

Prison de Laval
(Sécurité super maximum), Laval (Québec)
1975

Laval Institution (Super Maximum Security),
Laval, Quebec
1975

Deborah Shackleton

Craig Russell, Female Impersonator,
February 19, 1979 "I seem to be Judy
just as she was a short while before
she died."
1979

Craig Russell, acteur travesti, 19 février 1979
"Il me semble être Judy exactement comme
elle était peu de temps avant sa mort."
1979

Marian Penner Bancroft

Dennis and Susan, Seattle Apartment,
from the series *For Dennis and Susan:*
Running Arms to a Civil War
1977

Dennis et Susan, l'appartement de Seattle,
extrait de la série *A Dennis et Susan:*
Contrebande d'armes pour une guerre civile
1977

85 | Sandra Semchuk

Self-portrait taken in Baba's bedroom on the day I said good-
bye to her, Meadow Lake, Saskatchewan
1977

Autoportrait pris dans la chambre de Baba le jour où je lui ai fait
mes adieux, Meadow Lake (Saskatchewan)
1977

Hiro Miyamatsu

Old age death is unusual nowadays.
Grassy Narrows Indian Reservation
1976-1977

Il est rare que l'on meure de vieillesse de
nos jours, réserve indienne de Grassy Narrows
1976-1977

87 **Tom Skudra**
Queen and Bathurst, Toronto, Ontario
1979

Queen et Bathurst, Toronto (Ontario)
1979

Brian Condron

Niagara Falls, Ontario,
from the series *Slowly I Turned...*
1976

Niagara Falls (Ontario),
extrait de la série ''Lentement, je me retournai...''
1976

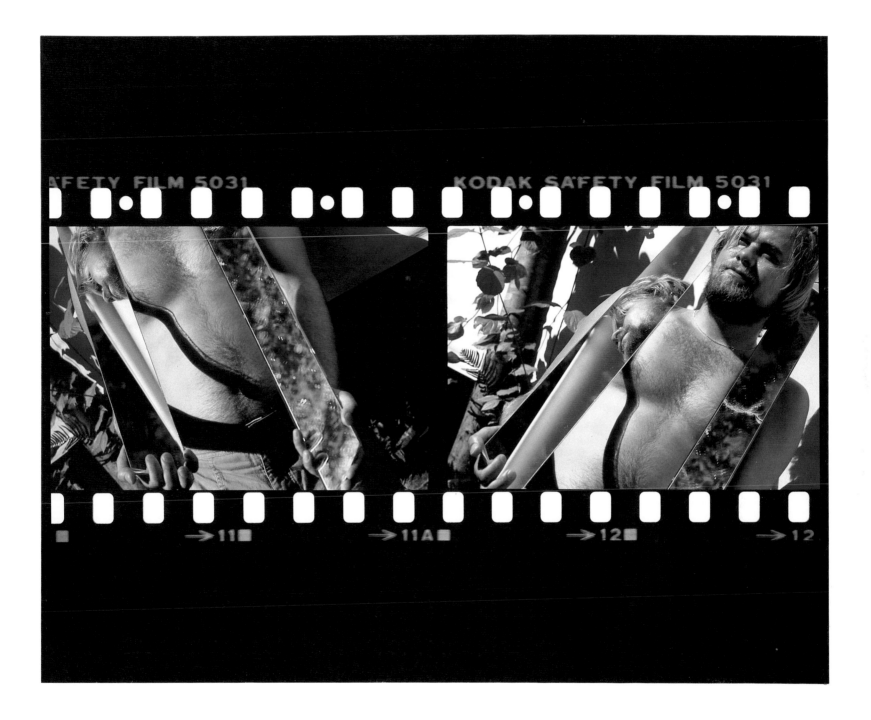

Ray Van Dusen
Untitled   Sans titre
c. 1976   c. 1976

Scott MacEachern

Untitled, from the series *The Performers or While We Wait*
1976

Sans titre, extrait de la série ''Les acteurs ou en attendant''
1976

92 **Michael Flomen**

Tokyo Tower, Japan
1977

Tour de Tokyo (Japon)
1977

Suzy Lake

Choreographed Puppet
1976

Chorégraphie pour marionnette
1976

94 **Barrie Jones**

Hatshepsut's Temple, Thebes, 1974,
from the series *Hockey Shots*
1974

Temple Hatshepsut, Thèbes, 1974,
extrait de la série ''Le Hockey''
1974

95 **Taki Bluesinger**

Anuradhapura, Sri Lanka
1977

Anurādhapura (Sri Lanka)
1977

Richard Nigro

Of Intimate Silence (detail)
1978

Silence intime (détail)
1978

The little black book
will never be the same again.

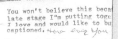

YORK, N.Y. 10021, 879-6325

LURECAM LTD.
129 YORKVILLE AVE., TORONTO, ONTARIO M5R 1C4 TEL.(416) 922-2012

1 April '76

January 27th, 1977

You won't believe this beca
late stage I"m putting toge
I love and would like to bu
captioned. How long you

Do you do this? What would
this is a business transact

I enclose my choices and de
on the number.

My best wishes to both of y
worse, she's on the cover o
hers is my favorite photog

...amera Ltd. in California has
...r reply. We are the Canadian

...ess, the camera is processed in
...with a mailing label and remittance
...to send a camera to our Toronto
...only have one central processing
...Toronto. Subject to any delay
...ervice should be much quicker than
...ending to the States. I note
your comment regarding black ...and white film. Unfortunately, the
...from the plant in the U.S.A. and is
...film. We hope this answers all of

Marlborough

rn Ontario, London, Canada

MAILBOX MABOU *Robert Frank* WINTER 76-77

February 24, 1976

October 25, 1976

Mr. Robert Frank
Mabou, Nova Scotia

Dear Robert;

You will be glad to see the en
covers the 50 prints of yours
first step in what I hope will
relationship.

With the exception of your fri
selling prints to any other co
represent ourselves as "your g

The last discussion we had in
I look forward to pursuing the
three months time.

My regards to June and I hope the weather is not too interesting.

...April during a retro-
...since that time, been
...e on Cocksucker Blues.
...rly has now told me to
...blication. So, I am
...ossible to see the film
...end of the year. I
...d through normal channels,
...to meet any conditions

I hope your work is going well and look foward to the

delpire

Mr. Robert Frank
P.O. Box 18
Mabou
Inverness County
Nova Scotia
CANADA

& Parcher, P.C.
of the Americas
N.Y. 10019

TELEX
224600

CALIFORNIA OFFICE
9200 SUNSET BLVD.
LOS ANGELES, CAL. 90069
(213) 274-6194

CABLE ADDRESSES
SUNMALEX NEW YORK
SUNMACAL LOS ANGELES

December 3, 1976

Salut Maestro,

Désolé d'être resté si
c'est le temps, c'est le moment. To
et nécessaires, qui mangent les jou
l'impression d'avoir vécu un matin.

Les ennuis ne sont pas
encore mon agenda mais je suis vrai
à travailler avec une toute petite
Bonaparte avec ses colonnes, son co
ses clients jamais contents. La mai
seule chose que je regretterai si n
un endroit à Paris, calme et assez
Nous verrons.

Je travaille de plus e
en particulier sur un supplément "s
terminée et qui me passionne.

Les livres aussi ça av
parce que le marché américain est ce qu'il est : 5 fois le marché français.
L'Histoire de la Photographie sort ici en Mars,- toi, Cartier-Bresson, Lartigue
et Stieglitz (je ne suis pas responsable du choix de celui-là et puis, à lire
ce qu'il a écrit, je l'ai pris en grippe, jamais vu quelqu'un d'aussi prétentieux.
It's not Camera Work, it's Peacock Work). C'est vrai, les textes d'Aperture sont
plutôt stupides. Mais c'est difficile d'écrire 6 lignes sur un photographe et que
ça ait du sens, Je t'envoie un photostat de ta couverture pour que tu voies ce
que j'ai écrit sur toi.

Il n'est pas impossible que nous allions à New York vers le 26, 27
Décembre pour une semaine. Je te préviendrai bien sûr et peut-être on trouvera
le moyen pour se rencontrer. (Je t'ai téléphoné d'ailleurs plusieurs fois mais
je n'ai jamais eu la communication.)

Marlborough pour toi, finalement c'est une bonne solution. Je
regrette de n'avoir rien pu proposer de compétitif. Mes anglais ne faisaient pas
le poids et je ne voulais surtout pas te compliquer la vie. Fais seulement bien
attention pour le contrat et essaie de préserver les livres.

...omotour, B.V. which owns and
...to the United States and
...p known as the Rolling Stones,
...rough July 26, 1972.

...ur representatives have caused
...Berkley, California.

...ated September 25, 1972, between
...that our client owns the film
...ts exhibition without our

Our client demands that all copies of the film in your
possession, custody or control be surrendered to our offices immediately
upon receipt of this letter.

In addition, you are advised that any future showing of the
film which is caused by you will result in our client's instituting
appropriate legal action.

Very truly yours,

L. Peter Parcher

LPP:ls

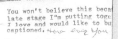

Mailbox + Letters, Winter, 1976
1976

Boîte aux lettres et lettres, hiver 1976
1976

Serge Clément

Montréal, extrait de la série *Affichage et automobile*
1976

Montreal, from the series *Advertising and Automobile*
1976

Sylvain P. Cousineau
Silhouette
1974

Pierre Boogaerts

Détail de *Une après-midi sur mon balcon,*
Montréal, 18 août 1978
1978

Detail from ''An afternoon on my balcony,
Montreal, August 18, 1978''
1978

THE 1984 MISS GENERAL IDEA PAGEANT PAVILLION

DEPARTMENT 2. THE 1984 MISS GENERAL IDEA PAGEANT

PAGE

PAGE

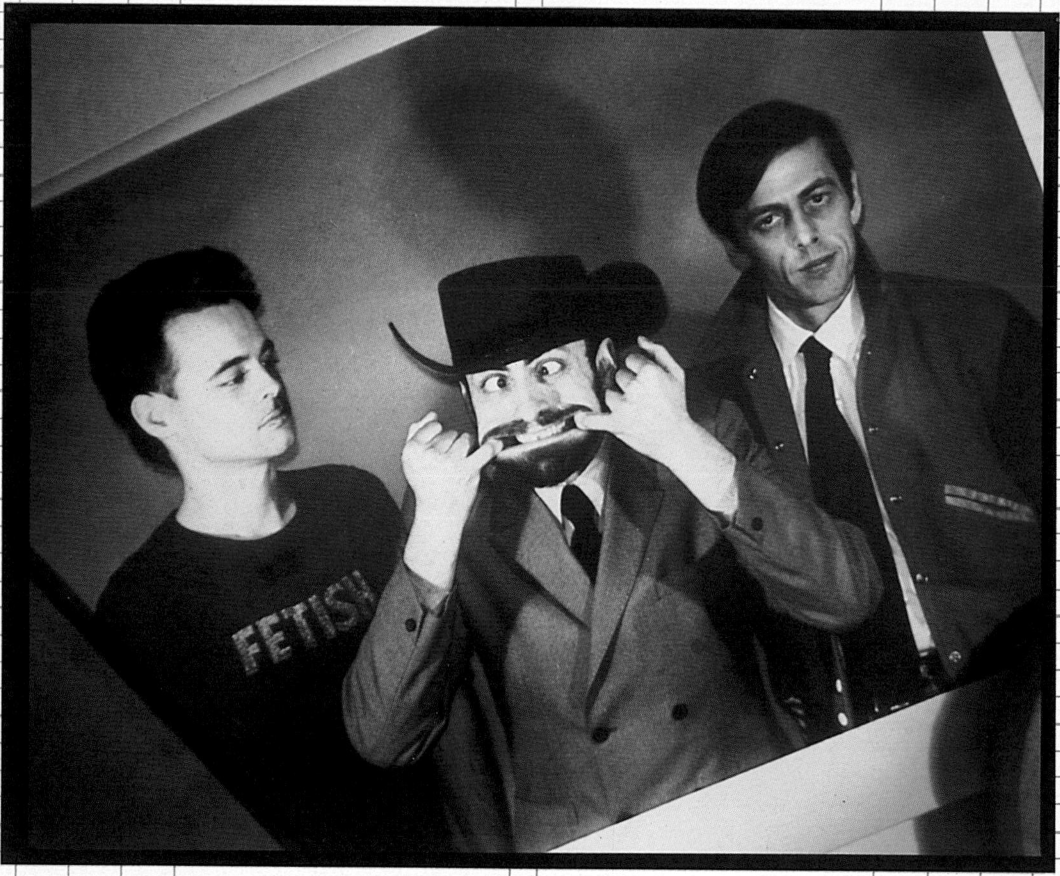

headline

text

"The Advantages of Labels"

For years we read reviews, descriptions & mentions of ourselves and our work. We were aware of the advantages of labels when dealing with the media and attempted to foster our own. Often we were disturbed by words like "Coony" "crazy", & "Zany" describing our work. We soon got over our disappointments and attempted to capitalize on this ambiguous image. We figured it was as good a way as any to gain access to certain audiences.

ADDENDA

PHOTO: General Idea
of a photo by Rodney Werden
& General Idea.

COPY NUMBER 2/2 2-051

LAYOUT DATE DEC 10 1977

SIGNATURE GENERAL IDEA

#2-051 "The Advantages of Labels",
from *The 1984 Miss General Idea Pageant*
1977

#2-051 Les avantages d'une réputation,
extrait de "Spectacle pour Mlle General Idea 1984"
1977

Rodney Werden

Untitled   Sans titre
1974   1974

It was such a lovely day, time seemed to stand still

104 Don Corman

It was such a lovely day, time seemed to stand still,
from the series *Artifact/Artifice: History in the Making*
1979

C'était une si belle journée que le temps semblait s'être
immobilisé, extrait de la série ''Artefact/artifice: l'histoire en
marche''
1979

Chris Gallagher

Floats like a cork   Ça flotte comme un bouchon de liège
1979   1979

Randy Bradley

Untitled
1979

Sans titre
1979

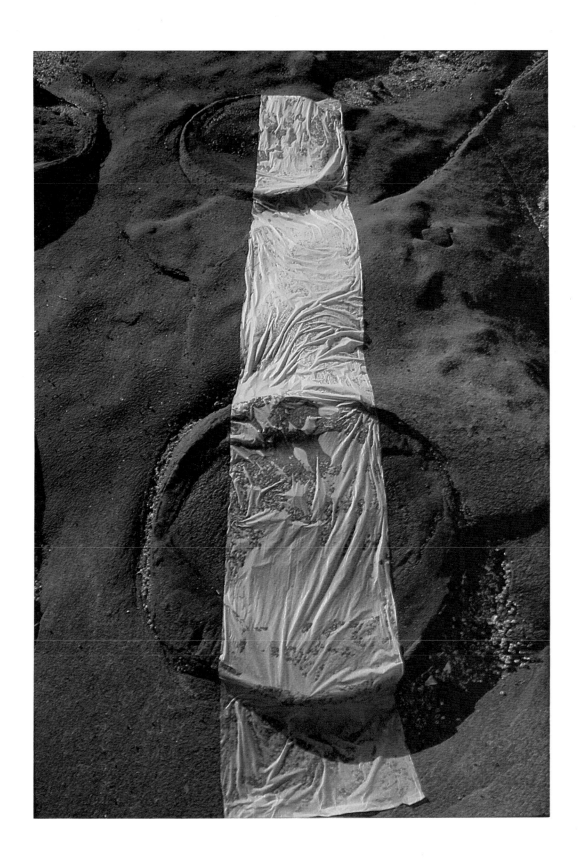

Paper Crossing Stone and Stone, West Coast, Canada,
from the series *Paper, Stones and Water*
1979

Papier croisant roc et roc, côte Ouest, Canada,
extrait de la série *Papier, pierres et eau*
1979

108 Susan McEachern

Untitled
1979

Sans titre
1979

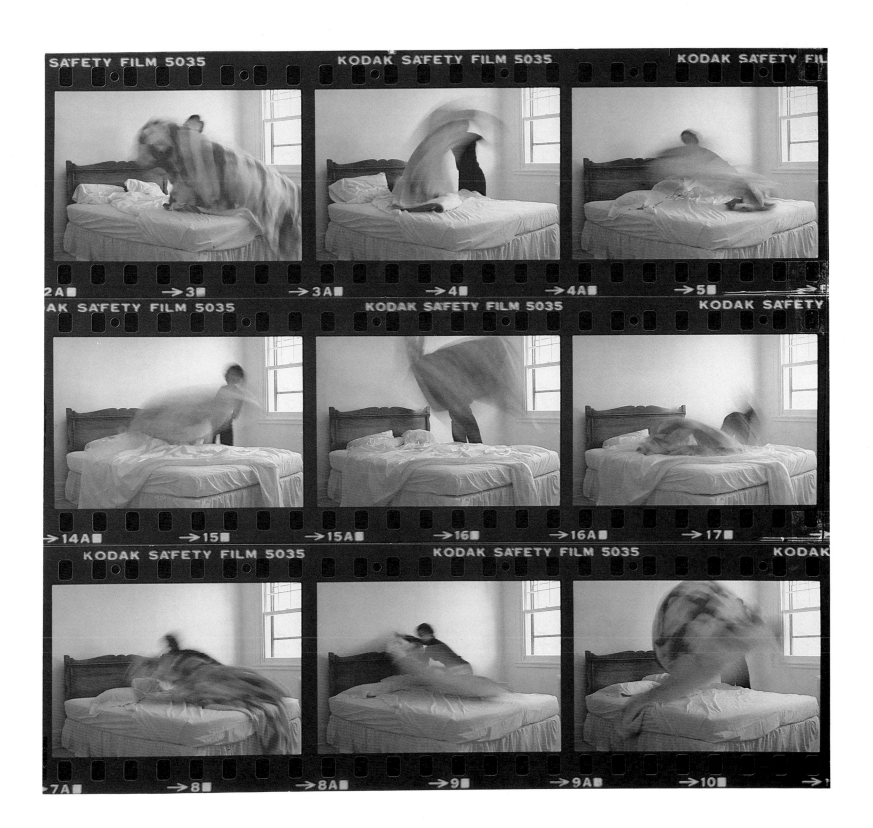

Sorel Cohen

Le Rite Matinal   Ritual
1979   1979

she told him she was uncomfortable
with herself

and she was uncomfortable around her
friends too

he asked if she was uncomfortable
around him

she felt uncomfortable around him

he knew, but he let her answer slip
away

she pretended to not notice.

Untitled, from the series *Visual Narrative*
1978

Sans titre, extrait de la série ''Récits en images''
1978

111 **Denis Plain**

À la discothèque Douze 34, Montréal
1979

Disco Twelve 34, Montreal
1979

Et je reste là à regarder la pluie qui tombe. Et nos nuits
de Chine, et notre amour, et ce parfum dans l'air moite,
disparus avec toi, beau capitaine?

Sans titre, extrait d'une série de trois photographies   Untitled, from a series of three photographs
1979   1979

Tim Porter

Tokyo Archaeology
1980

Archéologie/Tokyo
1980

3/10 The Field: Two.   Dickson

Jennifer Dickson
The Field: Two, from the series *Il Paradiso Terrestre*   Le pré: deux, extrait de la série *Il Paradiso Terrestre*
1979   1979

115 **Michael Schreier**
Governor General's Greenhouse, Ottawa
1978

Serre du Gouverneur général, Ottawa
1978

Carol Marino
Peony Trap   Piège à pivoine
1980   1980

117 | **Alison Rossiter**

Pink Soap Bottle, from the series *Bridal Satin*
1983

Bouteille de détergent rose, extrait de la série ''Satin nuptial''
1983

118 **Lorraine Gilbert**

West of Commercial Avenue in Chinatown,
Vancouver, B.C.
1979

À l'ouest de l'avenue Commercial dans le quartier chinois,
Vancouver (C.-B.)
1979

119 | **Nigel Dickson**
Gerard Fennelly, Port Kirwan, Newfoundland
1981

Gerard Fennelly, Port Kirwan (Terre-Neuve)
1981

Bob Anderson

Ottawa Airport
1979

Aéroport d'Ottawa
1979

121 | **Robert Walker**
Vancouver
1979

"Show Dog"   H Henri Robideau 1980

Show Dog   Chien savant
1978   1978

Alvin Comiter
Untitled   Sans titre
1973   1973

Douglas Curran

Flying Saucer Gift Shop, Cavendish,
Prince Edward Island,
from the series *In Advance of the Landing: Folk Concepts*
of Outer Space
1979

Magasin de souvenirs en forme de soucoupe
volante, Cavendish (Ile du Prince-Edouard),
extrait de la série *En attendant les*
extraterrestres: L'espace dans l'imagination populaire
1979

125 **Michaelin McDermott**

Lena Kostovetsky (left) and Julie
Perkraksky (right) at the Young
Men's Hebrew Association Community
Centre. Winnipeg. Manitoba
1980

Lena Kostovetsky (à gauche) et Julie Perkraksky
(à droite) au centre communautaire de la Young
Men's Hebrew Association, Winnipeg (Manitoba)
1980

126 **Thaddeus Holownia**

Ice Tide, Sackville, New Brunswick
1979

Marée de glace, Sackville (Nouveau-Brunswick)
1979

127 **Richard Holden**
Marble Island, Northwest Territories   Ile Marble (Territoires du Nord-Ouest)
1980   1980

David McMillan
Banff, Alberta
1979

Banff (Alberta)
1979

Lynne Cohen
The Powers Modelling School, Orlando. Florida
1979

Ecole de mannequins Powers, Orlando (Floride)
1979

130 | **James Stadnick**

Dino Ceppetelli, Mike Nolan, Myron Dunn,
Willy Schade, Drillers, 2,400' level
underground, Thompson, Manitoba,
from the series Hardrock Miners
1980

Dino Ceppetelli, Mike Nolan, Myron Dunn,
Willy Schade, foreurs, niveau 2 400'
Thompson (Manitoba),
extrait de la série "Mineurs en roche dure"
1980

131 **John Paskievich**
Kiev, Ukraine, U.S.S.R.
1980

Kiev, Ukraine (U.R.S.S.)
1980

Robert Minden

John J. Verigin, Honorary Chairman,
Union of Spiritual Communities of
Christ, Grand Forks, B.C.
1978

John J. Verigin, Président honoraire, Union
des collectivités spirituelles du Christ,
Grand Forks (C.-B.)
1978

133 **Gary Wilson**

Exterior view of pit rim, gypsum mine,
near Windsor, Hants County, N.S.,
from the series *Views of New Brunswick and*
Nova Scotia
1979

Vue extérieure du bord de la fosse,
plâtrière près de Windsor, Comté Hants (N.-E.),
extrait de la série *Vues du Nouveau-Brunswick et de la Nouvelle-*
Ecosse
1979

134 | **Jeremy Taylor**

Balmy Beach, Toronto,
from the series *Austere Landscapes, 1981-82*
1981

Balmy Beach, Toronto,
extrait de la série "Paysages austères, 1981-82"
1981

135 Robert Bourdeau

Untitled
1980

Sans titre
1980

Volker Seding
The Listener   À l'écoute
1981   1981

137 | **Shin Sugino**
Untitled, from the series *Revisions*
1975

Sans titre, extrait de la série *Révisions*
1975

138 | **Chick Rice**
Michael Fritzke, Banff
1979

Doug Clark
Japanese Restaurant, Victoria   Restaurant japonais, Victoria
1981   1981

140 **Isaac Applebaum**

Man to Man
installation view
1981

Homme à homme
vue d'ensemble
1981

Fred Cattroll

Toronto Athletic Club
1980

Centre sportif de Toronto
1980

142 | John Chalmers

Elora Quarry,
from the series *Habitat Familial*
1983

Carrière d'Elora,
extrait de la série *Habitat Familial*
1983

WEEK-END AU
PARADIS TERRESTRE

PARC PAUL-SAUVÉ, OKA, 1980.

143 | **Michel Campeau**

Parc Paul-Sauvé, Oka, extrait de la série
Week-end au ''Paradis terrestre''!
1980

Paul Sauvé Park, Oka, from the
series ''Weekend in an 'earthly
paradise'!''
1980

George Steeves

2nd Miss X, Laughing,
from the series *Pictures of Ellen*
1982

Mlle X N° 2, souriante,
extrait de la série ''Portraits d'Ellen''
1982

145 **David Hlynsky**

Eggs
1983

Oeufs
1983

146 | Phil Bergerson

Living Gloves   Gants ''Living''
1979   1979

147 **Donigan Cumming**
Untitled
1982

Sans titre
1982

Stephen Livick

Untitled, from the series *Joints*
1982

Sans titre, extrait de la série ''Baraques foraines''
1982

149 **Edward Burtynsky**

Chicken Packing Plant 1, Toronto
1983

Usine d'empaquetage de poulets 1, Toronto
1983

Pat Morrow

Everest Base Camp (5,364 m, 17,600')
1982

Le camp de base de l'Everest (altitude 5 634 m, 17 600')
1982

151 **Michael Mitchell**
Sandino Commemoration, Managua, Nicaragua, February 21
1984

Commémoration de l'assassinat de Sandino, Managua
(Nicaragua), 21 février
1984

Joyan Saunders
States of Being
1982

Conditions d'existence
1982

153 **Arnaud Maggs**

Yousuf Karsh,
from the series *48 Views*
1981

Yousuf Karsh,
extrait de la série ''48 Vues''
1981

154 **Evergon**

Mask and Pineapple
1984

Masque et ananas
1984

NOTES

Original titles of works or series are in italics. Translations follow. All black and white photographs are gelatin-silver prints unless otherwise stated. Private printers are credited only when fine prints have been commissioned by the National Film Board.

George Hunter   p. 27
Professor John Satterly, University of Toronto Physics Department, lectures on the properties of liquid air
1950

6 cm × 6 cm black and white negative
52132 (N.F.B. Assignment, 1950)
Collection: Public Archives Canada/The National Film Board
Print by Jeremy Taylor, 1984
26.5 cm × 26.5 cm

George Hunter, a staff photographer for the N.F.B. from 1945 to 1950, was on assignment at the University of Toronto when he happened upon Professor of Physics John Satterly engaged in an experiment with liquid air. Quickly recognizing its photographic possibilities, Hunter captured this chance encounter in nineteen images which he deposited, along with his regular shoot, in the N.F.B. stock files. As a corporate photographer, Hunter continued to contribute to the program in publications and shows.

Sam Tata   p. 28
Tatiana Perfilieff, artist, Shanghai
1949-1952

34.7 cm × 21.4 cm
EX-78-607 Purchased 1970

Sam Tata never set out to be a historian, but the pictures he took in Shanghai between 1949 and 1952, his visual journal of street life and events, have become an important social document. *The End of an Era* was exhibited at the Photo Gallery in 1970 and has since travelled all across Canada. On his arrival in Canada in 1956, Tata became a professional photographer who specialized in Canadian cultural life. A sampling of his portraits of personalities from the art world was published in 1983 under the title, *A Certain Identity*.

Michel Lambeth   p. 29
Royal Ontario Museum, Toronto
1957

35 mm black and white negative
68-3695 Purchased 1968
Print by Michael Torosian, 1978
25.5 cm × 17.2 cm

One of the foremost photographers of his generation, Michel Lambeth also wrote extensively on photography and in defence of Canadian artists' rights. Lambeth worked both on assignment and on a large number of personal projects. His presence in N.F.B. publications is unmistakeable. In 1968, the N.F.B. produced a monograph from Lambeth's Toronto shooting of 1956 to 1968. This image was part of this large purchase but not shown until Michael Torosian's retrospective on his former teacher, organized in 1978.

Richard Harrington   p. 30
A toy much loved by Inuit of all ages, Spence Bay, N.W.T.
1951

27.8 cm × 35.3 cm
EX-81-35 Purchased 1982

Between 1947 and 1953, Richard Harrington made six trips to the Canadian north, initially documenting life among the Chipewyan Indians, then focussing on the Inuit and their disappearing way of life. Interest in this work has never diminished. It was represented in the monumental exhibit, *The Family of Man*, included in the N.F.B.'s 1980 exhibition *Photojournalism*, and published in 1981 by Hurtig as *The Inuit: Life As It Was*. Harrington's negatives from those years are in the collection of Public Archives Canada.

Kryn Taconis   p. 31
Children, School for the Deaf, Milton, Ontario
1964

35 mm black and white negative and print
23.5 cm × 33.2 cm
EX-68-11 Purchased 1968

Kryn Taconis came to Canada a seasoned photojournalist and a member of the prestigious international agency, *Magnum*. He continued to work in the humane sensibility of his earlier imagery exemplified by his document on the liberation of Amsterdam, acquired by the Division in 1968. Several moving essays by Taconis are represented in the collection: the Hutterites of Alberta, a children's shelter in Kingston, and the deaf children's school in Milton, Ontario. Public Archives Canada is the custodian of the Taconis archives.

Marcel Cognac   p. 32
Montréal (Québec) / Montreal, Quebec
1957

6 cm × 6 cm negative
65-6292 Purchased 1965
Print by Jeremy Taylor, 1984
26.4 cm × 31.6 cm

Marcel Cognac lived in Montreal from 1957 to 1966. During his years in Quebec he produced a number of photojournalistic essays, both on his own and for the Office du film du Québec, Hydro-Québec and the N.F.B. His photographs were assembled and published as *Visages du Québec* by the Cercle du Livre de France in 1964. The Division acquired the most outstanding of Cognac's Canadian negatives when he decided to return to France. His pictures have been reproduced in *Call them Canadians, Ces visages qui sont un pays*, and *Image 2*.

John de Visser   p. 33
Spiritualist Church Session, Toronto
1964

35 mm black and white negative
68-2130 Purchased 1968
Print by Jeremy Taylor, 1984
22.4 cm × 33.9 cm

The N.F.B. has a large number of photographs by John de Visser which have been acquired, since 1964, for various purposes. As a free-lancer, de Visser worked on assignment for the Division providing colour transparencies for the stream of publications and corresponding exhibitions that began in 1967. He is perhaps best known for his dramatic views of the landscape which have been published in *Canada/A year of the land, Canada*, and *Between Friends*. However, many de Visser photographs, dating from the mid- to late 1960s are superb documents in black and white. In this example, de Visser captures the intensity of a shared religious experience.

Tom Gibson   p. 34
San Miguel, Mexico
1968

35 mm black and white negative
EX-69-7 Purchased 1969
Print by Tom Gibson, 1984
22.4 cm × 33 cm

Tom Gibson first made contact with this family through the father, a street musician, who invited Gibson to his home in an Indian district of San Miguel. His photograph expresses an inherent beauty without hiding the spareness of the family's life. Gibson's negatives and prints were acquired for the Creative Portfolio Collection, used for exhibitions and books. This photograph originally appeared in *Image 6*. In 1975, *Signature 1* was devoted to Gibson's later work.

Yousuf Karsh   p. 35
Jean-Paul Riopelle
1965

40.1 cm × 49.9 cm
EX-80-479 Purchased 1968

In 1965, the Division invited Yousuf Karsh to submit a selection of his photographs to use in *Call them Canadians*, then in preparation. The 1967 survey exhibition, published as *Image 2*, returned to the same Karsh purchase. *Image 3: Other Places*, featured three new acquisitions, portraits made by Karsh in Paris, including this memorable photograph of Canadian painter Jean-Paul Riopelle bathed in the light of his atelier.

Ted Grant   p. 36
Prime Minister David Ben Gurion inspects Guard of Honour of the Canadian Guards, Ottawa
1961

26.3 cm × 17.7 cm
EX-81-108 Purchased 1981

Ted Grant's career as a photojournalist includes a long association with the N.F.B. as a free-lancer assigned to photostories, covering events for innumerable government departments or commissioned to develop a theme for a book or an audio-visual show. Since 1956, Grant has documented news and social situations: the Royal Tour of 1964; a civil rights march in 1965; the funeral of Governor General Vanier in 1967; the opening of EXPO 67. Grant's lighter side is typified by his photograph of Israeli Prime Minister David Ben Gurion, acquired in 1981 for the exhibit *Photojournalism*.

Lutz Dille   p. 37
Toronto, Ontario
1966

35 mm black and white negative
66-2448 (N.F.B. Assignment, People of Canada, 1966)
Print by Jeremy Taylor, 1984
22.7 cm × 34 cm

The Many Worlds of Lutz Dille, candid portraits produced from 1954 to 1966, was the first book published by the N.F.B. in the *Image* series. Dille contributed to many N.F.B. projects. This photograph was filed among the shooting for one of the Centennial books, *Call them Canadians*. It illustrates Dille's immense ability to capture scenes and personalities and, as required by this 1966 assignment, to show the diversity of experiences that describe the human journey, from birth to death.

Chris Lund   p. 38
Mrs. Bernard (Betty) Gallagher turns hem of dress she is making for daughter Monica, 10. The Gallaghers live on a farm near Chiswick, Ontario.
1953

6 cm × 6 cm black and white negative
64920 (N.F.B. Assignment, Winter on Canadian Farm, 1953)
Collection: Public Archives Canada/The National Film Board
Print by Jeremy Taylor, 1982
26.4 cm × 26.4 cm

Chris Lund joined the N.F.B. in August 1942, working as a staff photographer for twenty-eight years, carrying out hundreds of assignments from portraiture to photojournalism as well as medical, industrial, and architectural photography. "Winter on Canadian Farm" was produced in March 1953, in a week spent with the Gallagher family, observing their daily activities to set up shots in minute detail. Published in 1954 in the illustrated supplement, *The Standard*, Lund's essay was included in the N.F.B.'s 1983 exhibition, *On Assignment*.

V.K. Anthony   p. 39
French Village, Nova Scotia
1968

35 mm colour transparency
69-2211K (N.F.B. Assignment, Maritime Fishing Villages, 1968)
Cibachrome print, 1984
34.4 cm × 23.4 cm

In addition to serving government departments, the library gave regular assignments to photographers to update the files on an obscure or very popular Canadian theme. In 1968, John Ough sent V.K. Anthony to photograph life in Maritime fishing villages. A resourceful photographer, like Anthony, would work with cameras of different sizes, using both colour and black and white stock. Anthony's unsentimental portrait of this working family is an outstanding sample of photographic information.

Boris Spremo   p. 40
Racers, Toronto Police Games at Varsity Stadium, Toronto, Ontario
1965

35 mm black and white negative
66-11908 Purchased 1966
Print by Jeremy Taylor, 1984
34 cm × 22.7 cm

This gritty action shot was acquired by the Division in preparation for the Centennial book, *Call them Canadians*, but in the end, was not used. Boris Spremo took the photograph for the *Globe and Mail*, prior to starting his long productive stint as staff photographer for the *Toronto Star*. In 1974, the Division looked back over eleven years of Spremo's photojournalism in an exhibition mounted for the summer festival at the Conference Centre in Ottawa.

John Reeves   **p. 41**
Bridegroom and his mother
1962

35 mm black and white negative
67-5441 Purchased 1967
Print by Jeremy Taylor, 1984
33.9 cm × 22.7 cm

This photograph by John Reeves, one of many negatives purchased for exhibitions and publications, was used in an evocative sequence of *Image 5: Seeds of the spacefields*. Reeves also worked on assignment for the Division during the 1960s. Two important areas of concentration involved the art scene: in Toronto with portraits of emerging artists such as Harold Town, William Ronald, and Robert Markle, and in the north, with Inuit printmakers and sculptors. In 1975, Reeves's portraits of important Canadian women were widely exhibited and published.

John Flanders   **p. 42**
"The Wayward Bus" lunch stand, Dunrobin, Ontario
c. 1966

35 mm black and white negative and print
21.4 cm × 32.4 cm
70-1746 Purchased 1970

A strong social conscience, nourished by his architectural education, gives John Flanders a particular viewpoint on rural Ontario. For Flanders, photography is a means of making an informative, detailed, and immediate record of our heritage which embraces both beautiful and eccentric construction. In 1970, Ron Solomon produced the exhibition *Rural Architecture of Ontario* which was shown in the Photo Gallery and on a long Canadian tour. Flanders has continued in social documentary photography, working with Canadian native people and in the Third World.

Richard Pierre   **p. 43**
Tie Vote, incumbent mayor and family
1969

21.9 cm × 32.9 cm
EX-81-88 Purchased 1981

Drawn from nearly a decade of editorial photography, *Tie Vote* is a photograph charged with emotions ranging from astonishment to simple relief. Made for the *Oakville Journal Record* and exhibited in a large group exhibition of photojournalism, Richard Pierre's contributions each told as vivid a story as this one: incumbent mayor F.M. (Mac) Anderson's moment of truth.

Larry Weissmann   **p. 44**
Man and Child, Toronto
1968

35 mm black and white negative
68-14500 Purchased 1968
Print by Larry Weissmann, 1984
30.4 cm × 20.2 cm

Purchased for an unspecified exhibition in 1968, this image remained in the files until selected for this publication. Larry Weissmann's work of that period, seen in *Image 3*, could be labelled documentary but even in this broad classification, Weissmann's work challenged the conventions of the medium. His laser photographs of the early 1970s, his large-format Nova Scotian landscapes and his experimental high key images demonstrate his skills as a printmaker, his insatiable curiosity about the medium and the delicacy of his vision and self-expression.

Michael Semak   **p. 45**
Untitled
1966

35 mm black and white negative
66-7292 (N.F.B. Assignment, People of Canada, Sacred Heart Village, Toronto, June 1966)
Print by Michael Semak, 1979
23.4 cm × 15.6 cm

For Michael Semak and many other free-lance photographers working for the Board in the 1960s, assignments were merely extensions of their own photographic interests as "concerned photographers". In assignments which the N.F.B. filed under broad titles, such as "People of Canada" and "The World of Teenagers", Semak photographed the various situations offered by a teen dance, motorcycle gangs, and visits to correctional and health institutions for youth. This selection is taken from his work at Sacred Heart Village in Toronto.

Michel Saint-Jean   **p. 46**
Jardin des Etoiles, La Ronde, Montréal (Québec) / Garden of Stars, La Ronde, Montreal, Quebec
1967

29.5 cm × 26.5 cm
EX-68-36 Purchased 1968

Michel Saint-Jean's association with the Division is centered on the late 1960s when work was acquired both through purchase and assignment. During those turbulent years, Saint-Jean adopted and defended the role of photographer as subjective witness. While other practitioners bent to the requirements of their editors, Saint-Jean maintained his signature style and personal interest in the fringes of society. His work demonstrates the power of interpretation vested in the photographer.

Ronald Labelle   **p. 47**
Membre des Satan's Choice, Montréal / Member of Satan's Choice, Montreal
1967

35 mm black and white negative and print
33.3 cm × 30.6 cm
68-3876 Purchased 1968

During the 1960s, Ronald Labelle not only worked as an illustrator, but also as a photojournalist on such controversial issues as pop festivals, religious sects, the P.L.O., and motorcycle gangs. This report on bikers started when Labelle accompanied journalist Ingrid Saumart as she researched the gang called Satan's Choice. Labelle's essay of twenty-one photographs was purchased by the N.F.B. in 1968 and was shown across Canada.

Charles Gagnon   **p. 48**
John Max
1966

34 cm × 23 cm
EX-69-98 Purchased 1969

Charles Gagnon's multidisciplinary approach to art has allowed him to paint, photograph, design, make films, and make music in order to communicate his observations and ideas. His portrait of John Max underlines the importance and dynamism of the Montreal art community of the 1960s. The collaboration and exchanges of that time are typified by the inclusion of John Max's photographs in Charles Gagnon's film *The Eighth Day*, made in 1965-66 for the Christian Pavillion at EXPO 67, to explore the nature of violence.

John Max   **p. 49**
Untitled
c. 1960

49.8 cm × 33.5 cm
EX-79-680 Purchased late 1960s

John Max received his first N.F.B. assignments in 1965. All his work, whether on factory lines, on the art scene, or on Mistassini Indians, is like his intimate portraits of family and friends and of equal intensity and passion. His photographs have been published in *Call them Canadians* and in *Image 2, 3, 5,* and *6*. Max's major work, *Open Passport*, published by *Impressions*, was an important N.F.B. exhibition which toured widely in Canada and abroad. The picture in this book is of the same period but part of another exhibition, *And The Sun It Shone White All Night Long*, presented in Europe in 1970 by External Affairs Canada.

Normand Grégoire   **p. 50**
Le cri, détail Nº 3, extrait de la série *Polyptyque Y* / The Cry, detail No. 3, from the series "Polyptych Y"
1968

35 mm black and white negative and print
33.6 cm × 26.7 cm
EX-68-65 Purchased 1968

Normand Grégoire is one who, in the late 1960s, broke with prosaic photographic convention. His work, though rather spare, explores a torn, anguished inner world. This he transposed into series, his first polyptychs, here shown in part. The work exhibited as *Polyptych two* was broadened by a complex presentation – environmental design, slide show, and book – and a rich theme: man and media. *Série 4*, published in 1971, was taken from Grégoire's work in animation.

Judith Eglington   **p. 51**
Untitled, from the series *Earth Visions*
1972

60.5 cm × 45 cm
72-X-804 Purchased 1973

Earth Visions, Judith Eglington's solo exhibition, audio-visual show and book, was commissioned by the N.F.B. in 1971 on the strength of Eglington's work in *Foto Canada*, early exhibitions, and for her part in *B.C. Almanac(h) C.-B.* She photographed over a period of one year, travelling from the California desert to the Arctic, then printed and reworked her material into three forms to be launched at the Photo Gallery in 1973. In all, Eglington controlled the face of her concept, from printmaking through the organization of the audio-visual show, to the design and marketing of her book.

Viktor Kolar   **p. 52**
Toronto, Ontario
1972

17.5 cm × 24.5 cm
72-X-1798 Purchased 1972

Educated in chemistry and photography, and four years after his first one-man exhibition, Viktor Kolar came to Canada in 1968. In Czechoslovakia, his photographs had dealt with the landscape and with social documentation. His work in Canada emphasized the latter as Kolar used his camera to make contact with his new environment, moving through the urban centres of Vancouver, Montreal, and Toronto, recording his raw impressions and commentary on Canadian society.

Roger Charbonneau   **p. 53**
Slogan Féministe, boulevard Dorchester, Montréal / Feminist slogan, Dorchester Boulevard, Montreal
1972

22.5 cm × 33.9 cm
73-X-508 Purchased 1973

With Michel Campeau and Serge Laurin, Roger Charbonneau founded G.A.P. (Groupe d'action photographique) in October 1971 following the exhibition of Pierre Gaudard's *Les Ouvriers*. They were later joined by Claire Beaugrand-Champagne, Gabor Szilasi, and Pierre Gaudard himself. Their objective was to document the people of Quebec, concentrating on working class neighbourhoods in Montreal where they also exhibited their work in community halls. The group's first exhibition in a gallery was in 1972 at the Photo Gallery in Ottawa.

Pierre Gaudard   **p. 54**
Manifestation des chômeurs de l'est de Montréal, extrait de la série *Les Ouvriers* / Demonstration of the unemployed in East Montreal, from his series on workers
1969

35 mm black and white negative
71-2148 Purchased 1971
Print by Pierre Gaudard, 1977
20.4 cm × 30.5 cm

Pierre Gaudard spent two years on the creation of *Les Ouvriers*. Following and interpreting events, he witnessed the daily physical output of the workers, the routines of their families and union activity in Montreal and elsewhere in the province of Quebec. First exhibited in 1971 and distributed as *Image 10*, Gaudard's document deals evenly with the day-to-day business and the aspirations of a large segment of Canadian society.

Claire Beaugrand-Champagne   **p. 55**
Bruno Bilodeau, Route 1, Disraëli
1972

16 cm × 23.6 cm
75-X-2633 Purchased 1973

In 1972, Claire Beaugrand-Champagne was one of four photographers and two researchers who worked under the sponsorship of Opportunities for Youth to create a portrait of the rural municipality of Disraëli, Quebec. The group's photographs and research were published in 1974, after a preview in *Perspectives* had ignited a lively public debate on the proper role of documentary photography. Beaugrand-Champagne's images were already in circulation by the N.F.B. that also acquired selections from her colleagues Michel Campeau and Roger Charbonneau for other exhibits and the collection.

George Thomas p. 56
Patrick Tompkins Family, Margaree, Cape Breton
1972

16.3 cm × 21.6 cm
77-X-133 Purchased 1973

This portrait of the Tompkins family is from an eight year documentation of George Thomas's neighbours in the Margaree Valley of Cape Breton Island, Nova Scotia. Thirty-two of his black and white prints were part of Solomon's 1973 exhibition, *A Way of Life*. That same year, Thomas's photographs were featured in the N.F.B. film, *Margaree People*, followed by *Gentle Valley*, the Division's colour slide show of his landscapes and portraits. In 1980, his publication *Margaree* completed the project.

Pamela Harris p. 57
Mrs. Parsons in her kitchen, Trout River, Newfoundland
1972

16.2 cm × 24.3 cm
75-X-2553 Purchased 1972

In the N.F.B. collection, three major documentary projects demonstrate the concern and sensitivity brought by Pamela Harris to her representation of others. *Admiral's Cove and Trout River*, photographs of the people of two Newfoundland villages, was widely circulated throughout Canada. Harris has continuously used photography to explore and communicate the situations of her subjects and to shed light on the lives of women, past and present. Assisted by the N.F.B., Harris spent three months in Spence Bay, photographing and teaching photography to Inuit women. In 1983, she accepted a long and difficult assignment from the Division to photograph domestics and nannies in the Toronto area.

Louise Turner p. 58
Fort George, Quebec
1972

23.3 cm × 33 cm
75-X-1410 Purchased 1975

In summer 1972, Louise Turner was invited to join three other photographers – George Legrady, Miklos Legrady and Lillian Sly – in an Opportunities for Youth project to document the Indian community of James Bay. Turner's work was subsequently purchased for the collection and presented at the Conference Centre in the 1975 Photo Festival. It also circulated for some time with George Legrady's images from the same project. Their document dealt directly with the people, mixing portraits with records of housing and activity.

Laura Jones p. 59
A young family
1971

30.4 cm × 21.1 cm
71-X-459 Purchased 1971

This portrait of a young family was one of four photographs by Laura Jones selected for the 1972 exhibition, *Photography 25*. Some 800 young photographers had submitted work. Jones was later included in two group shows, *CANADA / c'est quoi?* and *Photography 75*. All of her work in the collection touches aspects of communal life whether documenting motherhood or recording life on Toronto's Baldwin Street, scene of an important photographic centre at the time.

Michael Torosian p. 60
Allan Gardens, Toronto
1973

17 cm × 23 cm
EX-75-67 Purchased 1974

Michael Torosian had only recently graduated from Ryerson Polytechnical Institute when this and seven other photographs were purchased for the collection. Gradually, more photographs from his continued exploration of Toronto's Allan Gardens were also acquired culminating in the 1979 exhibition *Unspoken Cries*. Torosian's work from the 1970s is well represented in the collection by the monographs *A Manual Alphabet* and *Nocturne*, published in 1977 as *Signature 3*.

Douglas Beube p. 61
Joe Sherman Clown, Clyde Bros. Circus
1973

12.2 cm × 18.2 cm
75-X-1423 Purchased 1975

Doug Beube's photograph of clown Joe Sherman is one of seven portraits of circus personalities acquired in a selection of twenty prints purchased in 1974 and 1975. A recent graduate of York University, Beube was then embarking on a photographic career of teaching at colleges and universities and continuing his own exploration of the medium through graduate studies and exhibitions. His later projects include the application of photography to unique bookworks which change the terms of photographic interpretation.

Randy Saharuni p. 62
Untitled
1972

10.6 cm × 16.4 cm
73-X-665 Purchased 1973

First exhibited in 1973, this image was part of Randy Saharuni's monograph, *Inflections*, a series of discrete visual experiences, heightened by sharp intrusions or patterns of light. In 1978, the same photograph showed up again, in Saharuni's *Mmmmm*, pairs of images sequenced to reconstruct the themes and recurring metaphors of his past. Saharuni's reworking of his imagery illustrates the rich possibilities of interpretation and manipulation inherent in the medium. Both series are in the collection of the N.F.B.

Shun Sasabuchi p. 63
Dazaifu tenmangu Temple, Futsukaichi city, Kyushu, Japan
1976

13.8 cm × 19.9 cm
EX-76-566 Purchased 1976

The Division owns two portfolios of photographs by Shun Sasabuchi, both purchased within a year of his graduation from the Ontario College of Art where he specialized in photography and graphic design. In the first, *Amorphis*, he photographed by moonlight, presenting nature in an unfamiliar form. This image, chosen from the second monograph, is Sasabuchi's return to his homeland. His Japanese portfolio relates the meditative art of his culture to its natural beginnings.

Gabor Szilasi p. 64
Mme Alexis (Marie) Tremblay, Ile aux Coudres (Québec) / Mrs. Alexis (Marie) Tremblay, Ile aux Coudres, Quebec
1970

24 cm × 18.6 cm
EX-78-855 Purchased 1972

Assignments from the Office du film du Québec have familiarized Gabor Szilasi with the rural areas of the province. In the summer of 1970, he undertook a personal project on the inhabitants of the Charlevoix region. Szilasi's photographs document the tensions between old and new ways, traditions contrasted with progress, the religious beside the profane. The Charlevoix work was an inspiration for many Quebec photographers who saw in it the power of the photograph to activate social change.

Geoffrey James p. 65
Untitled
1974

15.5 cm × 22.9 cm
EX-75-76 Purchased 1975

Geoffrey James's involvement in Canadian photography – as journalist, critic, professor, Head of Visual Arts at the Canada Council, and photographer – dates from the mid-1960s. The N.F.B. acquired some of his work in 1975. James was already demonstrating an affinity for cultural markings and patterns in the landscape, expressed finally in the documentation of formal gardens. Twenty of his panoramic views were incorporated into the collection in 1984.

Hubert Hohn p. 66
Untitled
1973

19.5 cm × 24.5 cm
EX-76-378 Purchased 1974

Hubert Hohn records the limitless expanse of the Prairies with the precision of an 8″ × 10″ view camera to show the immensity of the land and sky in depth and detail beyond normal vision. The 1975 exhibition *10 Albums* contrasted Hohn's strong horizontal compositions with Robert Bourdeau's and Carol Marino's textured eastern fields.

Orest Semchishen p. 67
St. Mary's Ukrainian Greek Catholic Church, Waugh, Alberta
1973

23.4 cm × 18.4 cm
74-X-1534 Purchased 1974

Three of Orest Semchishen's major projects are part of the N.F.B. collection: a segment of his Byzantine Churches of Alberta, his essay on a Russian Orthodox priest, and his work on Japanese-Canadian households and private shrines. Semchishen's style is direct and precise, bringing a superb photographic tool, such as a large format camera, into a situation that he has researched and will photograph with understanding. His documents illustrate different aspects of the settlement of the west by people of various languages and customs.

Robert Bourdeau p. 68
Utah
1976

19.5 cm × 24.5 cm
EX-79-425 Purchased 1979

The photograph is one of many landscapes in the Division's extensive collection of Robert Bourdeau's prints, spanning the years 1961 to 1981. Through purchases of his work in the 1960s and early 1970s, photo editor Ronald Solomon encouraged Bourdeau and prior to his death in 1974, Solomon initiated plans for the Robert Bourdeau monograph which the N.F.B. published, in association with Mintmark Press, in 1979.

David Miller p. 69
Grain Elevator No. 1, Port of Montreal
1976

19.4 cm × 24.5 cm
EX-80-72 Purchased 1980

David Miller has been a documentary photographer since 1970. His photographs of Old Montreal, the Port of Montreal and the construction of the east-west autoroute are records from which future generations will see the changes that have occurred in the urban environment. His photographs of the Port of Montreal were part of the *Environments* exhibition in 1980 that spotlighted the works of photographers concerned with the quality of the world in which we live.

Michael deCourcy p. 70
Fort St. John, from the series *Aireal View: Regional Land Impressions of British Columbia*
1973

Photo-serigraph
39.2 cm × 58.7 cm
76-X-530 Purchased 1973

Throughout the 1970s, Vancouver photographer Michael deCourcy was closely connected with the N.F.B. A participant in *B.C. Almanac(h) C.-B.*, deCourcy's later exhibits included *2100 Block, Arbutus Street, Vancouver, British Columbia* and *Regional Land Impressions*, both topographical studies, one mapping a part of the city, the other reorganizing aerial vision. With Roy Kiyooka, deCourcy originated *13 Cameras/Vancouver*, a group that in 1979, produced a book and a major N.F.B. exhibit.

John C. Walker p. 71
Laurentians, Quebec
1974

Dye Transfer print
39.5 cm × 57.5 cm
EX-77-528C Purchased 1977

In the early 1970s, John C. Walker began working with large format, 8″ × 10″ colour film, in the landscape. The Division selected six of Walker's photographs of the Pre-Cambrian Shield for *Photo 77* held at the Conference Centre in Ottawa in 1977. Walker used the painstaking dye transfer process to achieve the veracious colour and fine detail of his original transparencies.

B.A. King p. 72
Joy
1971

10.4 cm × 15.5 cm
EX-78-471 Purchased 1972

B.A. King's delicate depiction of the rural landscape is typical of the twenty-five black and white photographs in his monograph. The simplified forms of the often snow-covered scenes, rendered in small scale, make his country views elegant and precious. First exhibited in the Photo Gallery in the 1972 group show *7 Photographers*, the work then travelled across the country.

Serge Tousignant   **p. 73**
Environnement transformé N° 1 – Dotscape / Transformed environment
No. 1 – Dotscape
1975

Offset print, 25/100
44.1 cm × 62 cm
EX-77-432C Purchased 1977

Serge Tousignant's representation in the collection spans the years 1973
to 1980 and exemplifies a variety of print media including
photomechanical processes and colour photography. In all of the works,
Tousignant explores the recorded and illusory transposition of structural
forms to the two-dimensional page. Here Tousignant insets a photograph
into a screen of dots which reverses the perspective of the dotted
landscape.

Egon Bork   **p. 74**
Peyto Lake, Banff National Park
1969

35 mm colour transparency
75-X-1260K Purchased 1975
Cibachrome print, 1984
34.4 cm × 23.4 cm

Since 1963, in the framework of its publications and exhibitions, the
N.F.B. has acquired a varied selection of the work of Egon Bork. His bold
compositions have appeared in *Canada/A year of the land*, *A Time to
Dream, Canada*, and *The Magic World of Childhood*. Egon Bork's
landscapes of Alberta were last used in a solo exhibition assembled for
Photo 77, then circulated throughout Canada.

Daniel Conrad   **p. 75**
Untitled
1975

Ektacolor print
35.5 cm × 25 cm
EX-78-831C Purchased 1978

Photography 25 was Daniel Conrad's first N.F.B. exhibition, followed by
an assignment to photograph the Queen Charlotte Islands for the 1976
publication *Between Friends*. Interest in Conrad's wilderness
photographs continued to grow. In 1977, he was invited to submit work
for a solo exhibition which was launched in the Photo Gallery, contrasted
with the conceptual series *13 Cameras/Vancouver*. Conrad's monograph
of highly personal and sensual encounters with nature has been seen
across Canada.

Carl J. Tracie   **p. 76**
Hailstorm south of Calgary on No. 2
1974

35 mm colour transparency
75-X-1855K Purchased 1975
Cibachrome print, 1984
23.4 cm × 34.4 cm

An historical geographer, Carl J. Tracie has built up a collection of
photographs of Canada's western rural landscape. His photographs
added to the Division's collection of colour transparencies were selected
for their visual distinction and their representation of the indigenous
forms of the Prairies, both natural and man-made.

Freeman Patterson   **p. 77**
New Brunswick
1978

Ektacolor print
23 cm × 34.5 cm
80-X-5C Purchased 1980

The first purchase of Freeman Patterson's work was made in 1965 when
the Division was actively searching for photographs for the Centennial
publications. More than fifty photographs in *Canada/A year of the land*
are Patterson's, either made on assignment or purchased from his files.
Colour photographs by Patterson were used in the exhibition *The Magic
World of Childhood* and in publications such as *A Time to Dream,
Canada*, and *Between Friends*. Patterson's colour transparences were
featured in three slide shows for Environment Canada and in exhibitions
about Canada, sponsored abroad by External Affairs.

Gabor Szilasi   **p. 78**
Chambre à coucher, M. et Mme André Houde, Lotbinière (Québec) /
Bedroom, Mr. and Mrs. André Houde, Lotbinière, Quebec
1977

Ektacolor print
27.4 cm × 34.3 cm
EX-80-148C Purchased 1980

In 1976, Gabor Szilasi received a Canada Council grant to continue his
portrait of rural Quebec, begun in the early 1970s. He took the
opportunity to visit areas that he had not yet seen, especially around Lac
St. Jean and Lotbinière. Without abandoning the qualities that
distinguished his previous works, he was to begin at that point to use
colour, not for its decorative qualities, but as a means of supplying
additional information. This picture was part of the *Environments*
exhibition in 1980.

Clara Gutsche   **p. 79**
Helen
1975

12 cm × 9.5 cm
EX-78-21 Purchased 1978

Four important bodies of work trace Clara Gutsche's deepening
understanding of photography. In 1973, she tapped its power as a social
conscience by her document on the destruction of Montreal's historic
Milton Park. *At Home*, shown in 1975 at the Photo Gallery with Barbara
Astman, was a study of Gutsche's neighbourhood, and especially her
neighbours. This connection to people through the camera was refined in
her extended portrait of *Six Girls*, sisters that Gutsche photographed over
several crucial years. Finally, in 1979, through her careful documentation
of shop windows, Gutsche reassumed her role of social critic leaving the
viewer free to interpret these personalized tableaux for consumers.

Walter Curtin   **p. 80**
*Louis Quilico and Carlo Maestrini, Opéra du Québec, Place des Arts,
Montreal*
1974

22.4 cm × 33.8 cm
EX-82-443 Purchased 1982

Since 1981, the Division has produced two exhibitions dedicated to the
work of Walter Curtin, in cooperation with the Public Archives Canada,
where Curtin has deposited his negatives. A retrospective traces Curtin's
Canadian career, beginning with his first assignment (for the N.F.B.)
through editorial and advertising work to his ongoing book project on
Canada's musicians. This theme was the focus of a major touring exhibit,
called *The Musicians*. This refreshing portrait of Louis Quilico and Carlo
Maestrini is featured in both exhibitions and in the audio-visual recap of
Curtin's outstanding career.

Judith Eglington   **p. 81**
Carlos Giron, Mexico, from the series *The Athletes of the XXI Olympiad*
1976

20.7 cm × 32.7 cm
EX-77-329 Purchased 1977

Judith Eglington's massive document on the Montreal Olympics is a two-
fold surprise: the first, her previsualization of its photographic strength;
the second, her visceral connection to the athletes at work. Their
concentration and sense of purpose parallels Eglington's own approach
to the event. She worked without sponsorship, wheedling accreditation
and borrowing equipment. Her brilliant images are part of the same life
force that fired *Earth Visions* and a later N.F.B. production, *View*.

Pierre Gaudard   **p. 82**
Prison de Laval (Sécurité super maximum), Laval (Québec) / Laval
Institution (Super Maximum Security), Laval, Quebec
1975

20.5 cm × 30.5 cm
EX-77-57 Purchased 1977

The N.F.B. collection contains all of Pierre Gaudard's major documentary
projects. *Mexico* was one of the first exhibits presented at the Photo
Gallery. *Les Ouvriers* was exhibited in autumn 1971. Gaudard's work on
Canadian prisons began in 1975 with an assignment from *Time*
magazine. Caught up after only one week behind bars, Gaudard gave a
year to this document, later published by *OVO* magazine. *Retours en
France*, shown in 1982, was the outcome of a one-year trip to his
native country.

Deborah Shackleton   **p. 83**
*Craig Russell, Female Impersonator, February 19, 1979 "I seem to be
Judy just as she was a short while before she died."*
1979

20.1 cm × 15.1 cm
EX-81-129 Purchased 1981

In 1979, Deborah Shackleton began photographing well-known
Canadians for a long-term project she called *Canadian Energy, Dialogues
on Creativity*. Shackleton has covered a wide range of intellectual and
artistic disciplines. The photographs selected for the 1981 exhibition
Photojournalism include portraits of scholar Northrop Frye, broadcaster
Roy Bonisteel, members of the National Ballet of Canada, and this
intimate photograph of Craig Russell, female impersonator and star of
the film *Outrageous*.

Marian Penner Bancroft   **p. 84**
Dennis and Susan, Seattle Apartment, from the series *For Dennis and
Susan: Running Arms to a Civil War*
1977

11.5 cm × 16.2 cm
EX-79-294 Purchased 1979

For Dennis and Susan: Running Arms to a Civil War, is a series of
twenty-five prints and a panel of text photographed and compiled by
Marian Penner Bancroft during a time shared with her sister Susan
Penner and Susan's husband, Bancroft's friend, film-maker Dennis
Wheeler. It was a period of struggle for Wheeler's survival against
leukemia and a time of great hope. Wheeler died in November, 1977.
Bancroft has continued to draw from personal experience for her
participation in *13 Cameras/Vancouver* and in her more recent large-scale
triptychs of words and images, both represented in the N.F.B. collection.

Sandra Semchuk   **p. 85**
*Self-portrait taken in Baba's bedroom on the day I said good-bye to her,
Meadow Lake, Saskatchewan*
1977

22.4 cm × 26.8 cm
EX-77-562 Purchased 1977

Through photography, Sandra Semchuk has relentlessly exposed her
own moods and reactions to people, places, and events in her life. Her
principal vehicle has been the self-portrait. This image was made in her
grandmother's bedroom at the time of her death. An excerpt from
Semchuk's photographic diary was chosen for the 1978 exhibition,
Manitoba/Saskatchewan/Alberta. An earlier documentary project, shown
in the women's exhibition, *Photography 75*, was also partly
autobiographical, focussing on the people of her native town of
Meadow Lake, Saskatchewan.

Hiro Miyamatsu   **p. 86**
Old age death is unusual nowadays, Grassy Narrows Indian Reservation
1976-1977

34.7 cm × 50.5 cm
EX-81-223 Purchased 1980

In 1970, Minamata disease was discovered in the Grassy Narrows Indian
Reservation. Mercuric waste from a nearby paper mill was thought to be
the cause. A team of Japanese experts came to advise the reservation.
They were accompanied by photographer Hiro Miyamatsu who, in the
great tradition of concerned photography, stayed on, recording the ruin
from this industrial poison, hoping to effect a change through the broad
distribution of his document.

Tom Skudra   **p. 87**
Queen and Bathurst, Toronto, Ontario
1979

21.7 cm × 32.2 cm
EX-82-652 Purchased 1982

Though successful as a commercial photographer, Tom Skudra's first
love and outstanding ability is photojournalism. His 1979 reportage on
the action at Queen and Bathurst Streets was an assignment from
Toronto Life. Since 1978, this magazine has commissioned Skudra to
examine such diverse subjects as native people in Toronto, Jamaican
immigrants, and the Hospital for Sick Children. *Queen and Bathurst* was
an example of current photojournalism in the 1982 exhibition
On Assignment.

Brian Condron p. 88
Niagara Falls, Ontario, from the series *Slowly I Turned…*
1976

20.2 cm × 30.5 cm
EX-77-4 Purchased 1977

For four summers, Brian Condron photographed Niagara Falls, the natural phenomenon that has inspired romantic responses from engravers, painters, poets, writers, and photographers alike. Condron's is an ironic treatment. *Slowly I Turned…* depicts the other side of the Falls in an avalanche of tourist hype and commercialized ritual. Shown at the Photo Gallery in 1981, the series was concurrently published by the Art Gallery of York University.

Michael Morris p. 89
Untitled, from the series *Between The Frames*
1978

Cibachrome print, 1/3
40.5 cm × 51 cm
EX-80-34C Purchased 1980

One of the founders of the multidisciplinary Western Front Society in Vancouver, Michael Morris has used photography in his art and as preliminary sketching for film and video. Two colour works from *Between The Frames*, purchased for the exhibition *Cibachrome*, updated Morris's contribution to the fifteen part publication *B.C. Almanac(h) C.-B.* Both pieces place male figures and mirrors in a natural environment. The booklet *Alex and Rodger, Rodger and Alex* records the movement of reflected sunlight over surfaces of skin and stone. *Between The Frames* elaborated Morris's research by splitting information into two forms: what is visible from one point of view and what can be made visible by insertion of a reflective surface into the scene.

Ray Van Dusen p. 90
Untitled
c. 1976

Toned Ortho print, 1/10
22 cm × 32.5 cm
EX-76-536 Purchased 1976

Ray Van Dusen's later preoccupation with form is previewed in this taut image which displays compositional density and distortion of planes. More important to Van Dusen's work of this period is its metaphoric base, suggesting his concerns with distance and emotional connections between people. On exhibition, presentation in sequence intensifies the symbolic possibilities of each image. At the N.F.B., in 1977, this photograph was shown in series along with six other monographs demonstrating current trends in the medium.

Scott MacEachern p. 91
Untitled, from the series *The Performers or While We Wait*
1976

18.5 cm × 27.6 cm
EX-77-123 Purchased 1977

Scott MacEachern's photographs were exhibited in 1977 at the Photo Gallery along with the work of Vahé Guzelimian, Stephen Livick, and Nina Raginsky. His 21 part sequence is a suite of captured moments, without drama or much information, transformed by the manipulations and angular treatment of a photographer. MacEachern illustrates the power of the camera to lend tension and ambiguity to even the most ordinary scene.

Michael Flomen p. 92
Tokyo Tower, Japan
1977

38.4 cm × 57.2 cm
EX-79-232 Purchased 1979

Michael Flomen's photographs reveal the fragile link between human beings and their environment. In American, European, and Asian urban centres, Flomen photographs human subjects as objects in space. His images have little to do with specific cultural patterns or sites. The alienation and caution that he observes are universal feelings. Twenty-five of his large black and white photographs were part of the 1979 exhibit *I Have Lived*.

Suzy Lake p. 93
Choreographed Puppet
1976

27.8 cm × 35.5 cm
EX-76-632 Purchased 1977

Through photography, Suzy Lake exposes the vulnerability of the persona and the search for personal expression. Her work has been purchased by the N.F.B. on two occasions. In *Photography 75*, Lake's composite portrait of herself and art dealer Gilles Gheerbrant energetically tore down two individuals by transferring his prominent features to her face. *Choreographed Puppet*, shown in 1977, displays the gestures and frustrated movements of an individual within a prescribed framework.

Barrie Jones p. 94
Hatshepsut's Temple, Thebes, 1974, from the series *Hockey Shots*
1974

Cibachrome print
101.5 cm × 71 cm
EX-80-355C Purchased 1980

Barrie Jones takes an active role in his photography, appearing in his own pictures or completely setting up the photographic scene. His large colour print of the hockey player standing in the doorway of an Egyptian temple is excerpted from *Hockey Shots* in which Jones placed this Canadian symbol before such wonders as the Parthenon, the Eiffel Tower, and the Grand Canyon. After an exhibition at Nova Gallery, the N.F.B. acquired this image for the 1980 survey, *Cibachrome*.

Taki Bluesinger p. 95
Anuradhapura, Sri Lanka
1977

Cibachrome print
49.5 cm × 39.3 cm
EX-80-500C Purchased 1980

For ten months, Taki Bluesinger and Glenn Lewis visited formal gardens in Europe, the Middle East, and Asia, tracing the remains of man's attempts to create an earthly paradise. *Impressions* published Bluesinger's photographs and Lewis's text and in 1978, the Vancouver Art Gallery presented their work in an exhibition and catalogue entitled *Bewilderness – The Origins of Paradise*. The N.F.B. exhibition *Paradise* presented Lewis's research and 35 mm slides with twenty-five of Bluesinger's Cibachrome images in an investigation of the mythical elements both of gardens and photographs.

Richard Nigro p. 96
Of Intimate Silence (detail)
1978

29 Cibachrome prints
5.5 cm × 5.5 cm each, 76.5 cm × 73.8 cm overall
EX-80-356C Purchased 1979

Richard Nigro's *Of Intimate Silence* was inspired by the writings of Yukio Mishima. The passion and violence of *Forbidden Colours* stunned Nigro who elaborated his response on a storyboard, then posed and reposed his actors for each frame. Nigro has continued in this multi-disciplinary approach to innovative art in dramatic performance pieces involving live actors, music, lighting, and photographs. *Of Intimate Silence* was selected for the *Cibachrome* exhibition and shown in its entire twenty-nine image sequence.

Michael Semak p. 97
Untitled
1976/1979

Gelatin-silver print and text
19.9 cm × 22.4 cm
EX-80-302 Purchased 1980

While Michael Semak's political and humanitarian attitudes are present throughout his imagery, those feelings dominate the work from the late 1970s selected for *Words and Images*. Here Semak combines photojournalistic or contrived scenes with headlines or consumer slogans clipped from newspapers and magazines. The results are rarely harmonious. Semak creates these "cold showers" to identify social, economic, and sexual injustice. By using his own photographs and society's accepted language, he mocks liberal complacency.

Robert Frank p. 98
Mailbox + Letters, Winter, 1976
1976

Colour photographs, papers, black and white photograph, collage
45 cm × 61.9 cm
EX-77-796C Purchased 1977

In 1978, the N.F.B. exhibited a recent acquisition of some sixty photographs by Robert Frank, who had moved to Mabou, Nova Scotia, on leaving the United States in 1969. Frank's important contribution to photography is *The Americans*, his critical view of the 1950s first published in Paris by Delpire. A later autobiographical work, *The Lines of My Hand*, follows his move into filmmaking. The N.F.B. show also featured new work including his spontaneous and fragile collages of daily life on Cape Breton Island.

Serge Clément p. 99
Montréal, extrait de la série *Affichage et automobile* / Montreal, from the series *Advertising and Automobile*
1976

17.4 cm × 26 cm
EX-79-154 Purchased 1979

For over a decade, Serge Clément has portrayed the many facets of life in Quebec. Unmistakeably modern, this evidence of the folkways of a particular society seems coolly matter-of-fact. On closer examination, Clément's records of places and times also add up to a personal form of commentary. The *Advertising and Automobile* series, presented by the N.F.B. in 1981, speaks plainly for the photographer as social critic.

Sylvain P. Cousineau p. 100
Silhouette
1974

18.3 cm × 12.5 cm
EX-76-190 Purchased 1976

On making this and other like photographs, Sylvain P. Cousineau called his imagery "life within a closet… uncomfortably more personal than I would like it to have been". Harsh, gritty, Cousineau's series and his later publication *Mona Nima* are, on a descriptive level, deceptively simple. Their psychological impact is dark and complex.

Pierre Boogaerts p. 101
Détail de *Une après-midi sur mon balcon, Montréal, 18 août 1978* / Detail from "An afternoon on my balcony, Montreal, August 18, 1978"
1978

Four gelatin-silver prints mounted on board
38 cm × 50.5 cm each, 75.8 cm × 100.9 cm overall
EX-79-503 to EX-79-506 Purchased 1979

Since the early 1970s, Pierre Boogaerts has been using photography in a philosophical inquiry into the relationship of nature and culture. "An afternoon on my balcony" adds a new dimension – a timepiece – introducing a personal reference and a degree of tension into the relationship between Boogaerts, his outdoor environment, and Moscovici's book. This photograph was shown in the *I Have Lived* exhibition in 1979 and subsequently presented in a travelling exhibition.

General Idea p. 102
#2-051 "The Advantages of Labels", from *The 1984 Miss General Idea Pageant*
1977

Colour photograph mounted on a 2-colour silkscreened showcard with hand-written text, 2/2
45.7 cm × 35.6 cm
EX-80-156C Purchased 1980

General Idea is the collaboration of three Toronto artists: A. A. Bronson, Felix Partz, and Jorge Zontal. Since 1971, their work has moved toward two major projects: *The 1984 Miss General Idea Pageant* and *The 1984 Miss General Idea Pavillion*. Preparations for these mythical celebrations have involved an elaboration of their own public image, as artists. The 10 showcards by General Idea, acquired by the Division for the 1980 exhibition, *Words and Images*, are part of this effort.

Rodney Werden   p. 103
Untitled
1974

Hand-coloured gelatin-silver print
23.8 cm × 18.9 cm
EX-76-237C Purchased 1976

Each of Rodney Werden's portraits is a unique theatre of glamour. Photographed in detailed sets of Werden's and their own making, these characters are the embodiments of fashion and fantasy. Hand-tinting widens the distance from reality, lending almost a nostalgic air to these modern scenes. First shown in the 1976 exhibition, *21 Photographers*, Werden's seven portraits were joined to a series by West Coast artist William Cupit for the travelling exhibit, *The Addition of Colour*.

Don Corman   p. 104
It was such a lovely day, time seemed to stand still, from the series
Artifact / Artifice: History in the Making
1979

Ektacolor print and Letraset
50.6 cm × 60.7 cm
EX-80-325C Purchased 1980

For this series, Don Corman photographed in museums where the mix of authentic and fabricated references to history were his starting point in creating new meanings, simply by adding words. The results are unexpected and sometimes surreal in effect. A selection of thirteen prints from *Artifact/Artifice: History in the Making* were shown in the 1980 exhibition *Words and Images*.

Chris Gallagher   p. 105
Floats like a cork
1979

Cibachrome print
49.6 cm × 59.7 cm
EX-80-367C Purchased 1980

Chris Gallagher's monumental depictions of ordinary small objects reverse photography's common function of repackaging the world in a convenient, consumable form. *Floats like a cork* was one of two large colour prints purchased for the 1980 exhibition, *Cibachrome*. The previous year, Gallagher had been a member of a Vancouver group, formed under the name *13 Cameras/Vancouver* to develop exhibitions and a book in association with the N.F.B.

Randy Bradley   p. 106
Untitled
1979

Cibachrome print
49.4 cm × 49.4 cm
EX-80-365C Purchased 1980

Randy Bradley went to construction sites and industrial parks to find the raw material he needed for his large colour photographs first acquired for *Cibachrome* in 1980 and later added to for the 1982 exhibition *Transitions: The Landscape*. Bradley maintains the intense saturation and bold composition of these found sites in his new work, wholly designed in his studio. *Prima Facie*, purchased in 1984, is a series of still lifes – elaborate assemblages that include industrial materials, two-dimensional coloured forms and light – that challenge our preconception of objects in space.

Marlene Creates   p. 107
Paper Crossing Stone and Stone, West Coast, Canada, from the series
Paper, Stones and Water
1979

Cibachrome print, 2/10
34.1 cm × 49.6 cm
EX-81-159C Purchased 1981

Marlene Creates intervenes in nature for her own purposes, documenting her use of materials such as paper or recording her own brief performances in photographs that mark her participation in the natural world. In the 1981 exhibition, *Elements*, sixteen photographs from *Paper, Stones and Water* were shown in the Photo Gallery. Accompanying this was an arrangement of stones, gathered from the shores of both sides of the Atlantic ocean, Newfoundland and Ireland.

Susan McEachern   p. 108
Untitled
1979

34.9 cm × 35.1 cm
EX-80-270 Purchased 1980

In 1980, *Atlantic Parallels* showcased the work of ten photographers in a regional survey that travelled through the Atlantic provinces, to Toronto and to Ottawa. Susan McEachern was a major contributor with her sequence of twenty photographs, beginning in black and white, then softly hand-tinted, and ending in full colour. The series is a personal exploration of the neighbourhoods of Halifax.

Sorel Cohen   p. 109
Le Rite Matinal / Ritual
1979

Ektacolor print
88.6 cm × 97.6 cm
EX-79-130C Purchased 1979

Sorel Cohen's work has addressed two important issues: the formal nature of photography and its political implications for women in society and art. The three works acquired in 1979 for the *I Have Lived* exhibition – *Le Rite Matinal*, *After Bacon/Muybridge*, and *The Camera Can Obliterate the Reality It Records* – each comment on the history of photography and on the power vested in the medium to support or overturn even the most basic social attitudes toward, for example, the ritual aspects of work.

Barbara Astman   p. 110
Untitled, from the series *Visual Narrative*
1978

Hand-tinted Ektacolor print, from 4" × 5" transparency of original maquette consisting of six SX-70 Polaroid prints
77 cm × 102 cm
EX-80-288C Purchased 1980

Barbara Astman's work is animated by her own presence, explicit or implied, in every image. Her first pieces, exhibited in 1975, elaborated her moods and fantasies through a variety of media such as cyanotype, hand-tinting, colour Xerox and works on fabric including appliqué and lace. This later acquisition introduces typewritten text and a sequential use of the SX-70 instant image to produce, in six scenes, incisive contemporary drama.

Denis Plain   p. 111
A la discothèque Douze 34, Montréal / Disco Twelve 34, Montreal
1979

20.2 cm × 30.4 cm
EX-81-68 Purchased 1981

From 1968 to 1978, Denis Plain was a staff photographer for the magazine *Perspectives*. A selection of the portraits produced for that weekly were featured in the 1983 exhibition *On Assignment*. After leaving *Perspectives*, Plain developed his personal work building a visual chronicle of Montreal life in two distinct parts, day and night. This selection from 1981's *Photojournalism* shows Plain's release from the confines of the assignment concentrating on a moment's impressions and the photographic possibilities of hard light and obscurity.

Raymonde April   p. 112
Sans titre, extrait d'une série de trois photographies / Untitled, from a series of three photographs
1979

36 cm × 45 cm
EX-80-291 Purchased 1980

Raymonde April is a contemporary artist for whom photography functions as a means of expression and communication alone or in contact with other art forms and disciplines. In 1979, some of her works involving performance, photography, and writing were shown in an exhibit of personal statements called *I Have Lived*, while another N.F.B. exhibit, *Words and Images*, 1980, put similar pieces under scrutiny for their form. A later installation piece, *Jour de Verre* (Day-light of glass), is also in the collection of the N.F.B.

Tim Porter   p. 113
Tokyo Archaeology
1980

Cibachrome print
23.2 cm × 22.9 cm
EX-80-530C Purchased 1980

The various stages of Tim Porter's work, beginning in 1969, are well illustrated in the N.F.B. collection. First published in *Image 6*, Porter produced one of the monographs for *B.C. Almanac(h) C.-B.* In 1978, his curious juxtaposition of a formal garden and a strip joint was organized under the title *D.M.Z.* and circulated through Japan. Porter's colour views symbolizing the coexistence of Japan's traditional and technological cultures were included in *Paradise*, a 1980 exhibition on the fabric of myth.

Jennifer Dickson   p. 114
The Field: Two, from the series *Il Paradiso Terrestre*
1979

Colour Xerox print, 3/10
15.8 cm × 24.1 cm
EX-80-440C Purchased 1980

Il Paradiso Terrestre is one of Jennifer Dickson's most complex and consuming themes. Drawing on her resources as a painter, printmaker, and photographer, Dickson has explored a concept of Paradise that is both current and relevant while tied to an ancient myth. Her electrostatic prints, painstakingly made from 35 mm slides, are texturally rich and delicate of colour and scale. They recount the main themes of her slide show – death and rebirth through a journey to a lost garden.

Michael Schreier   p. 115
Governor General's Greenhouse, Ottawa
1978

Direct-positive Cibachrome print
26.8 cm × 34.8 cm
EX-80-40C Purchased 1979

While Michael Schreier's imagery from the early 1970s is well represented in the collection, two major series from recent years are outstanding examples of his work. Schreier's experimentation with Cibachrome materials led him to use this colour paper directly in a camera of either 8" × 10" or 11" × 14" format. In 1980, the Division exhibited two prints from Schreier's documentation of public greenhouses. His series of interiors of the abandoned Daly Building was shown in its entirety in *Recent Acquisitions*, 1982. Both portfolios demonstrate Schreier's mastery of the medium while illuminating his sensitivity toward humanity's public and private spaces.

Carol Marino   p. 116
Peony Trap
1980

Hand-toned gelatin-silver print
27.8 cm × 34.9 cm
EX-81-180 Purchased 1980

Carol Marino's earliest contributions to the collection could be called translated landscapes. The still lifes in the collection may be sometimes one image, sometimes mirrored or doubled, hand-toned in brown-pinks and silver-blues. This photograph was added to the collection in 1980 and exhibited that same year.

Alison Rossiter   p. 117
Pink Soap Bottle, from the series *Bridal Satin*
1983

Ektacolor print
40.6 cm × 50.7 cm
EX-84-93C Purchased 1984

When her *Rocky Mountain Fish Stories* – black and white snapshots with colourful leaping fish stickers glued on – were selected for *Manitoba/Saskatchewan/Alberta*, Alison Rossiter was revealed to have a great sense of humour. She turns that same ironic wit on these special items so rooted in our definition of a woman's place. Pulled from their closets, stripped of their labels, and photographed in Rossiter's luxurious setting, these household products develop a certain glow, and a sensuality that is something of a threat.

Lorraine Gilbert p. 118
West of Commercial Avenue in Chinatown, Vancouver, B.C.
1979

Ektacolor print
20.5 cm × 30.5 cm
EX-80-101C Purchased 1980

From her first serious work in photography, represented by this purchase, Lorraine Gilbert has concentrated on using colour film to photograph at night. What she shows is less concerned with place, time, or nocturnal activity than with the medium itself. Gilbert is exploring the reaction of film to different kinds of light under the unusual exposure conditions in which she works. Her methodical approach nevertheless yields fantastic versions of an ordinary world, explored in the 1980 exhibition *Environments*.

Nigel Dickson p. 119
Gerard Fennelly, Port Kirwan, Newfoundland
1981

Cibachrome print
27.8 cm × 27.8 cm
EX-82-622C Purchased 1982

The work of Nigel Dickson falls into the grey area between editorial photography and traditional photojournalism. From the former he draws a direct, stylized approach and from the latter, an interest in ordinary people. In 1981, *Saturday Night* sent him to Newfoundland resulting in "The Cove", second in a series on Canadian communities. These photographs were part of the 1983 exhibition *On Assignment*, mounted to illustrate the background and currency of photojournalism.

Bob Anderson p. 120
Ottawa Airport
1979

19.6 cm × 30 cm
EX-81-51 Purchased 1981

Nine photographs by Bob Anderson were selected for the exhibition *Photojournalism*. In each, Anderson steps back from the scene to present a levelling view that includes the behaviour of fellow photographers. This photograph of Prime Minister Trudeau was taken during the 1979 election campaign. Anderson's coverage of this event is now in the collection of the Public Archives Canada.

Robert Walker p. 121
Vancouver
1979

Cibachrome print
33.2 cm × 49.2 cm
EX-80-51C Purchased 1979

With eleven colour photographs in the collection, Robert Walker has made bold use of the medium, translating his transparencies onto Cibachrome in its hardest and glossiest form. Early works, exhibited in 1973, used the material's heightened tones to describe the haphazard and often vulgar array of urban colour. This image, shown in *Cibachrome*, presents colour in large fields and extreme contrast, abstracting the otherwise ordinary scene of a father photographing his baby girl.

Henri Robideau p. 122
Show Dog
1978

33.7 cm × 24.4 cm
EX-80-341 Purchased 1980

Henri Robideau is a communicator of whimsical, satirical, and sometimes political wit. The simple phrase, *Show Dog* clumsily illustrated in the upper frame, turns on itself with the blurred presentation of an unwilling pooch. Robideau's work selected for the 1981 exhibition, *Words and Images*, included his unconventional photographic archive on pioneer photographer Mattie Gunterman and a series of "Giant Things", later elaborated in panoramic views of Canadian landmarks like the Wawa Goose.

Alvin Comiter p. 123
Untitled
1973

12.8 cm × 19 cm
EX-80-236 Purchased 1980

Alvin Comiter is a subtle humorist who uses the camera to isolate absurd everyday encounters. This low-key observation typifies his work. It was widely circulated as part of *Atlantic Parallels*, a 1980 survey exhibition of ten photographers working in the Maritimes. Comiter has been a faculty member of the Nova Scotia College of Art and Design since 1974. His extensive North American travels have uncovered singular forms in nature, architecture, and language.

Douglas Curran p. 124
Flying Saucer Gift Shop, Cavendish, Prince Edward Island, from the series *In Advance of the Landing: Folk Concepts of Outer Space*
1979

24.3 cm × 31.8 cm
EX-80-632 Purchased 1980

In Advance of the Landing: Folk Concepts of Outer Space is a document of the artifacts and rituals created out of man's fascination with and expectations of outer space. Beginning in the fall of 1977, Douglas Curran drove over 200,000 km in search of folkbuilt rockets and flying saucers, paintings, and ceremonies dealing with mankind's desire for salvation through outer space. A selection from Curran's first three years of research was acquired in 1981. Curran is further represented in the collection by a body of work purchased in 1978 and an essay on the Metis settlements of Alberta.

Michaelin McDermott p. 125
Lena Kostovetsky (left) and Julie Perkraksky (right) at the Young Men's Hebrew Association Community Centre, Winnipeg, Manitoba
1980

35.4 cm × 46.4 cm
EX-81-110 Purchased 1981

Michaelin McDermott's concept of portraiture encourages the active participation of her subjects in the photographic sessions. Her depictions of recent Russian immigrants in rehearsal for a Passover Freedom Concert were made at the YMHA Community Centre in Winnipeg and purchased for the N.F.B.'s survey exhibition, *Photojournalism*. Neither formal nor candid, her photographs become performances for the viewer whose rapport with these "sitters" is warm and instantaneous.

Thaddeus Holownia p. 126
Ice Tide, Sackville, New Brunswick
1979

Gelatin-silver contact print, 1/5
10 cm × 45.5 cm
EX-79-348 Purchased 1979

Thaddeus Holownia started working with a Banquet camera in 1975, first using it in an informal manner suggestive of a much simpler format. In an N.F.B. exhibit in 1979, pictures of friends and roadside curiosities were mixed in with more serious documentation of the lands around his home in Sackville, New Brunswick. Holownia has continued in the spirit of *Ice Tide*, developing four series on the area near the Bay of Fundy. Assembled in 1984 to honour the Bicentennial of New Brunswick, Holownia's *Dykelands* project is represented in the collection by two of his four portfolios.

Richard Holden p. 127
Marble Island, Northwest Territories
1980

Cibachrome print
15 cm × 45.4 cm
EX-82-293C Purchased 1982

From May to August, 1980, Richard Holden photographed the Arctic landscape, tenting and travelling alone, making more than 1500 exposures with his panoramic camera. The austerity of his imagery is also its magnificence. Traditional representation of the North has sought out its people, flora, and wildlife. Holden, whose earlier panoramic views were of urban scenes, demonstrates both his technical control and a new bolder sense of image construction in these authoritative works, shown in *Transitions: The Landscape* in 1982.

David McMillan p. 128
Banff, Alberta
1979

Ektacolor print
36.6 cm × 46.6 cm
EX-82-231C Purchased 1982

Two very different bodies of work by David McMillan have been shown in N.F.B. exhibitions. In *Manitoba/Saskatchewan/Alberta*, 1978, McMillan was represented by a witty collection of three-dimensional images, accompanied by a 3-D viewer. *Transitions: The Landscape*, in 1982, featured his urban scenes, compositions of deep space and fine detail, rendered in colour, both sensual and informational.

Lynne Cohen p. 129
The Powers Modelling School, Orlando, Florida
1979

19.2 cm × 24.3 cm
EX-80-126 Purchased 1980

Lynne Cohen aims her camera at public spaces. With clinical detachment, she takes in offices, waiting rooms, and meeting halls. Her use of the 8″ × 10″ camera enhances the detail of her images, giving these ordinary settings a surreal and ambiguous presence. Deprived of their users, utilitarian and decorative objects develop new energy and meaning. The N.F.B. has made two purchases from Cohen: for *Photography 75* and for *Environments* in 1980.

James Stadnick p. 130
Dino Ceppetelli, Mike Nolan, Myron Dunn, Willy Schade, Drillers, 2,400′ level underground, Thompson, Manitoba, from the series *Hardrock Miners*
1980

48.9 cm × 38.9 cm
EX-83-37 Purchased 1983

James Stadnick, former staff photographer at INCO in Thompson, Manitoba, used his spare time over a three-month period in 1980 to make portraits of shift teams working at different levels in the mine. Aside from their historic value, the photographs are fine examples of a technical challenge met by Stadnick's staging, lighting, and execution with an 8″ × 10″ camera. From the 1983 exhibition, *Document*, the work was paired with Lawrence Chrismas's portraits of retired miners.

John Paskievich p. 131
Kiev, Ukraine, U.S.S.R.
1980

20.1 cm × 30.2 cm
EX-82-355 Purchased 1982

John Paskievich travelled for nine months through Eastern Europe documenting what he found from the ironic position of an outsider drawn to his ancestral land. In 1983, the Division and Lester & Orpen Dennys co-published the record of his journey in *A Voiceless Song: Photographs of the Slavic Lands*. The N.F.B. solo exhibition of the same name opened at the Winnipeg Art Gallery and circulated across Canada.

Robert Minden p. 132
John J. Verigin, Honorary Chairman, Union of Spiritual Communities of Christ, Grand Forks, B.C.
1978

31.7 cm × 25.4 cm
EX-79-406 Purchased 1979

Robert Minden's exhibition *Separate from the World: Meetings with Doukhobor-Canadians in British Columbia* began a national tour in 1979, with a catalogue published in English, French, and Russian. This event concluded a six year exploration of a religious group that had left Czarist Russia only to find misunderstanding and persecution of their beliefs in Canada. Sociologist, musician, and photographer, Minden made portraits and recordings of the survivors of this saddened utopian community.

Gary Wilson p. 133
Exterior view of pit rim, gypsum mine, near Windsor, Hants County, N.S., from the series *Views of New Brunswick and Nova Scotia*
1979

32.8 cm × 40.5 cm
EX-82-282 Purchased 1982

Nineteenth-century topographers produced spectacular landscapes where men had not yet left a mark. Their purpose was to describe the land and its potential. Gary Wilson records their legacy, the scars that civilization has left on nature. Wilson's views of Nova Scotia and New Brunswick are detailed reports on the state of our lands worked for their resources for hundreds of years.

Jeremy Taylor p. 134

Balmy Beach, Toronto, from the series *Austere Landscapes, 1981-82*
1981

37.9 cm × 48 cm
EX-82-260 Purchased 1982

Jeremy Taylor was among the first photographers represented in the Creative Portfolio Collection. *A Private View of Montreal*, photographed from 1961 to 1966, was as well one of the earliest travelling monographs prepared by the Division, opening at Loyola Bonsecours Centre in 1966. The collection also follows Taylor's long term commitment to landscape photography which is symbolic and expressive of his feelings. Five of his *Austere Landscapes, 1981-82* were included in *Transitions: The Landscape*.

Robert Bourdeau p. 135

Untitled
1980

16.4 cm × 20.2 cm
EX-82-139 Purchased 1982

Nine still lifes, acquired in 1982 from Robert Bourdeau, stand out among the large number of his landscapes in the N.F.B. collection. At the same time, the rich tonality, careful composition and strong meditative presence of each of these photographs is in keeping with his more recognized work and revealing of the deep spirituality that Bourdeau seeks from the natural world. The still lifes are contact prints, made with an 8″ × 10″ view camera.

Volker Seding p. 136

The Listener
1981

Hand-painted gelatin-silver print, 7/10
34.2 cm × 26.7 cm
EX-82-99C Purchased 1982

Though richly toned and hand-painted with artists' oil paints, Volker Seding's figure studies are purely photographic in their descriptions of gesture and form. The specific features of the model are dismissed as are the distracting elements of the sitter's hands. In making *The Listener*, Seding imposed certain controls, admitted chance in his exposure, then, through colour, intervened in the final results.

Shin Sugino p. 137

Untitled, from the series *Revisions*
1975

Split-toned print on blue-based Azo paper
17.2 cm × 25.3 cm
EX-82-218 Purchased 1982

Eight years passed between Shin Sugino's *Pilgrimage* and his *Revisions*. In 1974, he made the first series "on a journey to seek confirmation of his faith". The resultant imagery was harsh, full of contrast and alienation. *Revisions* returns to many of the same locations and symbols but this later work, with its subtle warm and cool tones, seems somehow more coherent and serene than previous autobiographical work or Sugino's bold graphic designs.

Chick Rice p. 138

Michael Fritzke, Banff
1979

20.9 cm × 31.1 cm
EX-84-103 Purchased 1984

In Chick Rice's series, *Portraits from three great nations: Disorientals, Accidentals, and Ornamentals*, friends, acquaintances, and strangers have cooperated with her in the design of their portrait. Subjects pose in front of a plain backdrop on which light falls in carefully allocated shapes and patterns. Michael Fritzke's portrait, and fifteen others made between 1979 and 1982, share a reference to past styles of portraiture that has great vitality and currency.

Doug Clark p. 139

Japanese Restaurant, Victoria
1981

Ektacolor print
39 cm × 57.4 cm
EX-84-270C Purchased 1984

Five of Doug Clark's black and white photographs were selected for inclusion in *Manitoba/Saskatchewan/Alberta* in 1978. A second series of prints was acquired in 1984. Clark has moved from the reserve of his earlier work to an exuberant exploration of colour, documenting artifacts of everyday usage.

Isaac Applebaum p. 140

Man to Man
1981

7 gelatin-silver prints mounted on wood
4 prints 129.3 cm × 99.0 cm; 2 prints 32.7 cm × 25.5 cm; 1 print 60.2 cm × 50.2 cm
EX-84-279 to EX-84-285 Purchased 1984

Man to Man is the first major piece by Isaac Applebaum to be added to the collection. The installation of this series of seven photographs is designed for an interior which allows the spectator to stand between the pictures, experiencing the relationships implied by their sizes and positions as well as the poses of the subjects. *Man to Man* was first exhibited at Mercer Union in 1981.

Fred Cattroll p. 141

Toronto Athletic Club
1980

32.9 cm × 48.1 cm
EX-83-99 Purchased 1983

In 1980, Fred Cattroll was commissioned to take a series of photographs of the Toronto Athletic Club. His enthusiasm for the project and for the opportunity to produce an in-depth study of the sport and its participants kept him coming back for two years. He took particular interest in the young boxers-in-training and in their relationships with their trainers. Of the series, twelve prints were acquired in 1983 for the survey exhibition, *Document*.

John Chalmers p. 142

Elora Quarry, from the series *Habitat Familial*
1983

31 cm × 25.6 cm
EX-84-75 Purchased 1984

John Chalmers has lived near Elora, Ontario for more than ten years. His long term interest in social documentation has naturally involved him in the community. The N.F.B. collection includes earlier photographs of the area by Chalmers whose first sale to the Board was for the 1972 youth exhibition, *Photography 25*. His series on the Elora quarry shows the individuals as well as the deserted aftermath of summer pleasure.

Michel Campeau p. 143

Parc Paul-Sauvé, Oka, extrait de la série *Week-end au "Paradis Terrestre"!* / Paul Sauvé Park, Oka, from the series "Weekend in an 'earthly paradise'!"
1980

39.3 cm × 49.5 cm
EX-82-71 Purchased 1982

Week-end au "Paradis Terrestre"! is a series that takes stock of a modern man's emotional and political coming of age. In this case, the subject is the photographer himself, Michel Campeau, who after many years away from the medium, culled his unpublished images and photographed anew under the combined influences of feminism and Marxism. Campeau has been represented in the collection since 1971. His *Week-end au "Paradis Terrestre"!* was shown at the Photo Gallery in 1982.

George Steeves p. 144

2nd Miss X, Laughing, from the series *Pictures of Ellen*
1982

19.5 cm × 24.6 cm
EX-84-130 Purchased 1984

The collaboration of George Steeves, photographer, and Ellen Pierce, artist and actress, has resulted in a series of rich, intricate photographs that challenge the conventions of portraiture and blur the boundaries between art and reality. They worked together for three years, Steeves taking hundreds of pictures of Pierce at home, in rehearsal, and in performance. Steeves himself made frequent changes of identity using different styles and different formats to extend his reach and perception. His final document shows us a multiple persona, all Pierce and all photographic illusion.

David Hlynsky p. 145

Eggs
1983

Ektacolor print
35.5 cm × 35.4 cm
EX-84-224C Purchased 1984

Eggs is one element of a three part photographic message, as complex and stimulating as David Hlynsky's own presence on the photographic scene. Former editor of *Image Nation*, he has also written, exhibited, and collaborated on holographic research with Michael Sowdon. In 1978, the N.F.B. showed a sequence of black and white photographs, many of ordinary subjects made curious. His colourful triptychs are open to many interpretations, prompted by the relationships between pictures or mental associations with the objects within.

Phil Bergerson p. 146

Living Gloves
1979

Ektacolor print
44.6 cm × 29.7 cm
EX-81-264C Purchased 1981

These *Living Gloves* are part of a great variety of consumer goods, edible and inedible, photographed by Phil Bergerson in a bountiful Canadian marketplace. Bergerson filled the frame with the chosen product then reprinted this chromatic single frame 24 times, forming a grid of banality and excess. In this example, an already multiple object is transformed by this visual system of repetition.

Donigan Cumming p. 147

Untitled
1982

32.9 cm × 22 cm
EX-83-78 Purchased 1983

Donigan Cumming's emergence on the documentary scene caused some controversy both for his methods and his point of view. Tradition or myth has the documentary photographer working from a position of social concern and depicting as truthfully as possible situations as found. Cumming dismantles this definition by actively directing his subjects. His unorthodox approach was part of the 1983 group exhibition, *Document*.

Stephen Livick p. 148

Untitled, from the series *Joints*
1982

65 cm × 81.4 cm
EX-84-53 Purchased 1984

Stephen Livick's work is immediately recognizable by its technical brilliance and monumental scale. First acquisitions, dating from 1976, are gum bichromate prints and cyanotypes airbrushed with colour. Livick's *Amerika '76* combined infrared negatives with the platinum print process in an examination of American idols made during the Bicentennial. In *Transitions: The Landscape*, giant boulders dominate his images of Newfoundland. Livick's *Joints* were each artificially lit then photographed with an 8″ × 10″ camera. In his massive enlargements, the detail is nearly overwhelming.

Edward Burtynsky p. 149

Chicken Packing Plant 1, Toronto
1983

Ektacolor print
35.4 cm × 44.3 cm
EX-84-178C Purchased 1984

In 1982, the N.F.B. acquired six colour nature studies by Edward Burtynsky, then a recent graduate of Ryerson, for *Transitions: The Landscape*. A second purchase in 1984 marked great changes in Burtynsky's approach and choice of subjects. His land had become industrial, mining, logging, and farming sites, stripped and divided by human work. He had followed our food from cannery to slaughterhouse arriving at an exploration of the processing of wildlife as trophy in the taxidermist's workshop.

NOTES

Pat Morrow **p. 150**
Everest Base Camp (5,364 m, 17,600')
1982

Cibachrome print
34 cm × 49.6 cm
EX-82-672C Purchased 1982

An accomplished photojournalist, Pat Morrow has made a name for himself in adventure photography. These are stories where the photographer is both participant and reporter, making a visual record of challenges such as this one: the Canadian ascent of Everest. Morrow was part of the Canadian team and the second Canadian climber, after Laurie Skreslet, to reach the summit. An N.F.B. travelling exhibition followed the team's trials and achievement.

Michael Mitchell **p. 151**
Sandino Commemoration, Managua, Nicaragua, February 21
1984

6 cm × 6 cm colour negative
EX-84-286C (N.F.B. Assignment, February/March 1984)
Ektacolor print by Michael Mitchell, 1984
38.3 cm × 38.3 cm

Michael Mitchell spent one month in Nicaragua to produce a document for the N.F.B. on life in this Central American country. CONIPAZ, a Nicaraguan organization for peace, assisted the N.F.B. by arranging and guiding Mitchell's tour. The N.F.B. assignment program was revived to initiate first-hand accounts of both national and international situations. Mitchell's Nicaraguan itinerary included reconstruction sites, border areas, health centres, and Indian settlements, as well as this highly charged demonstration on the 50th anniversary of Sandino's assassination.

Joyan Saunders **p. 152**
States of Being
1982

46.6 cm × 58.9 cm
EX-84-69 Purchased 1984

Joyan Saunders works in both photography and video. The tableaux vivants that she stages for the camera investigate language and cultural conditioning. The relationships of words, objects, and people within a single frame demonstrate the value of each of these elements in shaping messages, from greeting cards to propaganda. The melodramatic surface of much of her work is a point of access for the deeper, more troubling issues that her images raise.

Arnaud Maggs **p. 153**
Yousuf Karsh, from the series *48 Views*
1981

Contact print from 48 negatives
40.2 cm × 50.5 cm
EX-84-177 Purchased 1984

The portraiture of Arnaud Maggs is represented in the collection by two distinct phases. From 1976, pairs of portraits examine front and side views of various subjects in a methodical, almost anthropological approach. Later work, exemplified by this multiple image of portraitist Yousuf Karsh, develops a grid system in the exposition of a personality. This piece takes two forms in the collection: a single print, shown in part but full size on the cover, is reduced for its reproduction in the book; the N.F.B. also owns the large installation of the same 48 negatives, each enlarged to 40.3 cm × 40.3 cm prints.

Evergon **p. 154**
Mask and Pineapple
1984

Polaroid diptych
73.4 cm × 55 cm each
EX-84-248C Purchased 1984

Evergon's presence in the collection spans nine years with examples of early silkscreen prints and fabric pieces as well as recent xerography and works in Polaroid materials. A travelling exhibition of his xerography was assembled in 1981 from several series made by placing objects and illustrations on the glass surface of the photocopier. *Mask and Pineapple* is one of four self portraits acquired by the Division after Evergon was given access to the large Polaroid camera at the Massachusetts Institute of Technology.

Les titres originaux des oeuvres ou des séries sont en italiques et précèdent leur traduction. A moins d'indication contraire, toutes les photographies sont des épreuves argentiques. Les épreuves d'exposition tirées sous la surveillance de l'Office national du film sont attribuées à leur auteur.

George Hunter **p. 27**
Professor John Satterly, University of Toronto Physics Department, lectures on the properties of liquid air / Le professeur John Satterly du département de physique de l'Université de Toronto fait une démonstration des propriétés de l'air liquide
1950

Négatif noir et blanc 6 cm sur 6 cm
52132 (Commande de l'O.N.F., 1950)
Collection: Archives publiques Canada / Office national du film
Epreuve par Jeremy Taylor, 1984
26.5 cm sur 26.5 cm

George Hunter a fait partie, de 1945 à 1950, de l'équipe de photographes attachée à l'O.N.F. Alors qu'il était en mission à l'Université de Toronto, il rencontra par hasard le professeur John Satterly du département de physique qui effectuait une expérience sur l'air liquide. Reconnaissant immédiatement le potentiel photographique de la situation, Hunter tira dix-neuf images de cette rencontre fortuite qu'il déposa, avec son reportage, aux archives de l'O.N.F. Par la suite, Hunter continua de collaborer au programme d'expositions et de publications à titre de pigiste.

Sam Tata **p. 28**
Tatiana Perfilieff, artist, Shanghai / Tatiana Perfilieff, artiste, Changhaï
1949-1952

34.7 cm sur 21.4 cm
EX-78-607 Achetée en 1970

Sam Tata n'a jamais eu la prétention de faire oeuvre d'historien. Les images qu'il a prises à Changhaï de 1949 à 1952 constituaient un journal des événements et de la vie des rues. Aujourd'hui, elles nous informent d'un point tournant dans l'histoire de l'humanité. *La fin d'une époque* a été présentée à la Galerie de l'Image en 1970 et a circulé depuis dans tout le pays. A son arrivée au Canada en 1956, Tata est devenu photographe professionnel et a consacré depuis nombre de reportages à la vie culturelle canadienne. Un recueil de ses portraits de personnalités du monde des arts intitulé *A Certain Identity* a été publié en 1983.

Michel Lambeth **p. 29**
Royal Ontario Museum, Toronto / Musée royal de l'Ontario, Toronto
1957

Négatif noir et blanc 35 mm
68-3695 Acheté en 1968
Epreuve par Michael Torosian, 1978
25.5 cm sur 17.2 cm

En plus d'avoir été l'un des photographes marquants de sa génération, Michel Lambeth a écrit abondamment sur la photographie et s'est fait le défenseur des droits de l'artiste. Parallèlement à ses travaux commerciaux, Lambeth a réalisé une oeuvre personnelle considérable. Ses travaux ont trouvé place dans de nombreuses publications de l'O.N.F. En 1968, l'O.N.F. a produit une monographie à partir de ses travaux personnels réalisés à Toronto de 1956 à 1968. Cette photographie faisait partie de celles acquises à cette occasion, mais ne fut cependant présentée que dans la rétrospective conçue par Michael Torosian en 1978.

Richard Harrington **p. 30**
A toy much loved by Inuit of all ages, Spence Bay, N.W.T. / L'un des jouets favoris des Inuits de tout âge, Spence Bay (T.N.-O.)
1951

27.8 cm sur 35.3 cm
EX-81-35 Achetée en 1981

Richard Harrington a fait six séjours dans le Nord canadien entre 1947 et 1953. Le premier avait pour objet d'étudier la vie des Indiens Chippewa. Au cours des expéditions suivantes, Harrington se donna pour mission de rassembler une documentation sur le mode de vie précaire des Inuits. Ces travaux furent toujours très en demande. Ils firent partie de la monumentale exposition *La grande famille des hommes* et de *Photo-reportage* produite par l'O.N.F. en 1980. Hurtig les a publiés en 1981 sous le titre *The Inuit: Life As It Was*. Les négatifs recueillis au cours de ces années se trouvent dans la collection des Archives publiques Canada.

Kryn Taconis **p. 31**
Children, School for the Deaf, Milton, Ontario / Enfants, école pour les sourds, Milton (Ontario)
1964

Négatif noir et blanc 35 mm et épreuve
23.5 cm sur 33.2 cm
EX-68-11 Achetés en 1968

Lorsque Kryn Taconis arriva au Canada, il possédait déjà une solide réputation de reporter confirmée par son appartenance à la jeune et prestigieuse agence internationale *Magnum*. Il a poursuivi son oeuvre avec le même humanisme vibrant qui se faisait jour dans son reportage sur la libération d'Amsterdam acquis par l'O.N.F. en 1968. Des extraits importants de ses essais photographiques marquants tels les Huttérites d'Alberta, un refuge pour enfants à Kingston et l'école pour enfants sourds de Milton en Ontario font partie de la collection. Les Archives publiques Canada sont dépositaires de l'oeuvre entier de Taconis.

Marcel Cognac **p. 32**
Montréal (Québec)
1957

Négatif 6 cm sur 6 cm
65-6292 Acheté en 1965
Epreuve par Jeremy Taylor, 1984
26.4 cm sur 31.6 cm

Marcel Cognac a vécu à Montréal de 1957 à 1966. Au cours de son séjour au Québec, il a produit de nombreux reportages soit personnellement soit pour le compte de l'Office du film du Québec, de l'Hydro-Québec et de l'O.N.F. Ses photographies ont fait l'objet d'un recueil intitulé *Visages du Québec* publié par le Cercle du Livre de France en 1964. Le Service a fait l'acquisition du meilleur de la collection de négatifs de Cognac à son retour en France. Ses images ont été reproduites dans *Call them Canadians*, *Ces visages qui sont un pays* et *Image 2*.

John de Visser **p. 33**
Spiritualist Church Session, Toronto / Séance d'une église spiritualiste, Toronto
1964

Négatif noir et blanc 35 mm
68-2130 Acheté en 1968
Epreuve par Jeremy Taylor, 1984
22.4 cm sur 33.9 cm

L'O.N.F. possède une importante collection des oeuvres de John de Visser qu'il a constituée au gré des circonstances après une première acquisition en 1964. Un grand nombre des diapositives en couleurs qu'il a prises sur commande pour le Service ont paru dans les diverses publications et expositions. Ses paysages grandioses ont été reproduits dans les recueils *Canada du temps qui passe*, *Canada* et *Entre Amis*. Un grand nombre de photographies de John de Visser figurant à la collection et datant des années soixante sont en noir et blanc et de style documentaire, comme celle-ci décrivant l'intensité d'une rencontre spiritualiste.

Tom Gibson **p. 34**
San Miguel, Mexico / San Miguel (Mexique)
1968

Négatif noir et blanc 35 mm
EX-69-7 Acheté en 1969
Epreuve par Tom Gibson, 1984
22.4 cm sur 33 cm

Tom Gibson a fait la connaissance de cette famille indienne habitant un faubourg de San Miguel par l'entremise du père, un musicien ambulant. Sa photographie exprime l'harmonie de cette famille sans cacher son dénuement. Elle fut reproduite dans *Image 6*. Un certain nombre de ses négatifs et de ses épreuves furent acquis pour la Collection de la photographie esthétique, destinée à des expositions et à des publications. En 1975, *Signature 1* faisait place aux travaux récents de Gibson.

Yousuf Karsh **p. 35**
Jean-Paul Riopelle
1965

40.1 cm sur 49.9 cm
EX-80-479 Achetée en 1968

En 1965, le Service a invité Yousuf Karsh à lui soumettre une série de ses photographies en vue d'en reproduire dans l'un des recueils alors en préparation pour commémorer le Centenaire de la Confédération. Deux des images choisies à cette occasion sont reproduites dans *Image 2: Photographie Canada 1967*. Par la suite, trois photographies prises à Paris par Karsh figurèrent à *Image 3*, notamment ce remarquable portrait du peintre canadien Jean-Paul Riopelle dans son atelier baigné de lumière.

Ted Grant p. 36

Prime Minister David Ben Gurion inspects Guard of Honour of the Canadian Guards, Ottawa / Le Premier ministre d'Israël, M. David Ben Gourion, inspecte la garde d'honneur des Canadian Guards, Ottawa
1961

26.3 cm sur 17.7 cm
EX-81-108 Achetée en 1981

La carrière de reporter de Ted Grant s'est souvent déroulée sous les auspices de l'O.N.F., qu'il s'agisse de la réalisation de reportages sur les activités du gouvernement fédéral ou d'une commande de diaporama ou de livre. Depuis 1956, Grant s'est consacré tant à la photographie de nouvelles qu'au document de fond: notamment la visite royale de 1964, une marche pour la défense des droits civils en 1965, les funérailles du Gouverneur général Georges Vanier en 1967, et l'inauguration d'EXPO 67. Le côté fantaisiste que se plaît à afficher Grant apparaît dans cette photographie du Premier ministre israélien Ben Gourion acquise en 1981 pour l'exposition *Photo-reportage*.

Lutz Dille p. 37

Toronto, Ontario / Toronto (Ontario)
1966

Négatif noir et blanc 35 mm
66-2448 (Commande de l'O.N.F., Gens du Canada, 1966)
Epreuve par Jeremy Taylor, 1984
22.7 cm sur 34 cm

Lutz Dille et son univers, une sélection de photographies prises entre 1954 et 1966 a lancé la série *Image*. L'étroite collaboration entre le photographe et le Service a souvent pris la forme de commandes, comme le démontre la photographie reproduite ici qui fut réalisée pour le volume *Ces visages qui sont un pays*. Bien qu'elle n'apparaisse pas dans le recueil, celle-ci reste fidèle au thème de l'ouvrage qui devait illustrer les diverses expériences qui marquent le cours d'une vie humaine, depuis la naissance jusqu'à la mort.

Chris Lund p. 38

Mrs. Bernard (Betty) Gallagher turns hem of dress she is making for daughter Monica, 10. The Gallaghers live on a farm near Chiswick, Ontario. / Mme Bernard (Betty) Gallagher met la touche finale à la robe qu'elle a confectionnée pour sa fille Monica, 10 ans. Les Gallagher possèdent une ferme près de Chiswick (Ontario).
1953

Négatif noir et blanc 6 cm sur 6 cm
64920 (Commande de l'O.N.F., L'hiver à la ferme, 1953)
Collection: Archives publiques Canada / Office national du film
Epreuve par Jeremy Taylor, 1982
26.4 cm sur 26.4 cm

Chris Lund est entré au service de l'O.N.F. en août 1942. Durant vingt-huit ans, il agit à titre de photographe et réalise des centaines de commandes pour le gouvernement, couvrant un éventail de sujets allant des portraits aux reportages en passant par la photographie médicale, industrielle ou d'architecture. ''L'hiver à la ferme'' fut réalisé en mars 1953. Pendant une semaine, Lund vécut avec la famille Gallagher et se fit le témoin et le metteur en scène de leurs activités. Ce reportage fut publié dans l'édition du 9 janvier 1954 du supplément illustré *The Standard* et repris lors de l'exposition *Sur Commande* en janvier 1983.

V.K. Anthony p. 39

French Village, Nova Scotia / French Village (Nouvelle-Ecosse)
1968

Diapositive en couleurs 35 mm
69-2211 (Commande de l'O.N.F., Villages de pêche des Provinces maritimes, 1968)
Epreuve Cibachrome, 1984
34.4 cm sur 23.4 cm

En plus de subvenir aux demandes des divers ministères gouvernementaux, la photothèque de l'O.N.F. passait régulièrement des commandes aux photographes pour couvrir certains sujets soit négligés, soit particulièrement en demande. A l'été 1968, John Ough engagea V.K. Anthony pour effectuer une semblable mise à jour sur la vie dans les villages de pêche des Maritimes. Compte tenu des circonstances, le photographe a employé une gamme d'appareils de divers formats de même que des pellicules en couleurs et en noir et blanc. Ce portrait dénué d'artifice d'une famille au travail constitue un exemple éloquent du pouvoir informatif de la photographie.

Boris Spremo p. 40

Racers, Toronto Police Games at Varsity Stadium, Toronto, Ontario / Coureurs, Jeux de la force constabulaire de Toronto au stade Varsity, Toronto (Ontario)
1965

Négatif noir et blanc 35 mm
66-11908 Acheté en 1966
Epreuve par Jeremy Taylor, 1984
34 cm sur 22.7 cm

Le Service a fait l'acquisition de l'instantané reproduit ici en vue de l'inclure dans *Ces visages qui sont un pays* mais il fut écarté de la sélection finale. Boris Spremo a pris cette photographie alors qu'il était à l'emploi du *Globe and Mail* juste avant que ne débute sa longue et fructueuse carrière au *Toronto Star*. En 1974, le Service a produit une rétrospective des onze années de photojournalisme de Spremo qui fut présentée lors du festival d'été tenu au Centre de conférences du gouvernement à Ottawa.

John Reeves p. 41

Bridegroom and his mother / Le marié et sa mère
1962

Négatif noir et blanc 35 mm
67-5441 Acheté en 1967
Epreuve par Jeremy Taylor, 1984
33.9 cm sur 22.7 cm

Cette photographie, l'un des nombreux négatifs de John Reeves acquis dans le cadre du programme d'expositions et de publications, faisait partie d'une séquence évocatrice d'*Image 5: cela commença par un rêve et ce fut la Création*. Au cours des années soixante, le Service a passé à Reeves de nombreuses commandes. Deux de ses sujets de prédilection touchent au monde de l'art: il a réalisé des portraits des jeunes artistes torontois tels Harold Town, William Ronald et Robert Markle, et un document portant sur les graveurs et les sculpteurs inuits. Ses portraits de Canadiennes de renom furent exposés et reproduits à de nombreuses reprises depuis 1978.

John Flanders p. 42

''The Wayward Bus'' lunch stand, Dunrobin, Ontario / Casse-croûte ''The Wayward Bus'', Dunrobin (Ontario)
c. 1966

Négatif noir et blanc 35 mm et épreuve
21.4 cm sur 32.4 cm
70-1746 Achetés en 1970

Une formation en architecture doublée d'une conscience sociale fournissent à John Flanders un point de vue distinctif sur l'architecture de l'Ontario rural. Il a recours à la photographie pour composer un portrait informé, détaillé et direct d'un patrimoine composé de constructions pour certaines harmonieuses pour d'autres extravagantes. Ron Solomon a produit l'exposition *Architecture rurale en Ontario* présentée à la Galerie de l'Image en 1970 puis en tournée à travers le pays. Flanders a poursuivi son oeuvre documentaire en s'intéressant aux Indiens du Canada et aux problèmes du Tiers monde.

Richard Pierre p. 43

Tie Vote, incumbent mayor and family / Vote à égalité des voix, maire actuel et sa famille
1969

21.9 cm sur 32.9 cm
Ex-81-88 Achetée en 1981

Tirée de dix ans de photographie éditoriale, ''Vote à égalité des voix'' embrasse toute une gamme d'émotions, de la surprise jusqu'au soulagement. Cette photographie prise pour le *Oakville Journal Record* fut présentée lors d'une importante exposition portant sur le photojournalisme. A cette occasion, toutes les images de Richard Pierre livraient l'événement de façon aussi concise et aussi frappante que ce moment de vérité du maire sortant F.M. (Mac) Anderson.

Larry Weissmann p. 44

Man and Child, Toronto / Homme et enfant, Toronto
1968

Négatif noir et blanc 35 mm
68-14500 Acheté en 1968
Epreuve par Larry Weissmann, 1984
30.4 cm sur 20.2 cm

Bien qu'elle ait été achetée en 1968 en vue d'une exposition, c'est la première fois que la photographie reproduite ici est montrée au public. Elle est de nature documentaire, tout comme les autres photographies prises au cours de la même période par Larry Weissmann et présentées dans *Image 3*. Qu'il s'agisse d'oeuvres au laser ou de paysages détaillés de la Nouvelle-Ecosse pris avec une chambre 5″ × 7″, ou d'études de contrastes entre la lumière et les ténèbres, les travaux de Weissmann démontrent tous une grande virtuosité, une insatiable curiosité et une égale délicatesse.

Michael Semak p. 45

Untitled / Sans titre
1966

Négatif noir et blanc 35 mm
66-7292 (Commande de l'O.N.F., Gens du Canada, Centre Sacred Heart Village, Toronto, juin 1966)
Epreuve par Michael Semak, 1979
23.4 cm sur 15.6 cm

Pour Michael Semak et les autres photographes indépendants des années soixante, les affectations à l'O.N.F. n'étaient qu'un simple prolongement de leur démarche de photographes engagés. Dans les nombreux projets commandés par l'O.N.F. et regroupés sous le titre général ''Gens du Canada'' et ''Le monde de l'adolescence'', Semak a exploité les diverses situations offertes par une danse pour adolescents, a visité des maisons de redressement pour jeunes délinquants et a côtoyé des groupes de motards.

Michel Saint-Jean p. 46

Jardin des Etoiles, La Ronde, Montréal (Québec)
1967

29.5 cm sur 26.5 cm
EX-68-36 Achetée en 1968

Toutes les oeuvres de Michel Saint-Jean figurant à la collection, qu'elles soient le fruit d'acquisition ou le résultat de commandes, datent de la fin des années soixante. Dans le bouillonnement d'idées caractéristique de ces années, Saint-Jean s'est fait le défenseur et l'illustrateur d'une photographie sociale éminemment subjective. Alors que la plupart des photographes se pliaient aux exigences des magazines, il s'intéressait à des sujets marginaux qu'il abordait de façon hautement personnelle et dramatique. Toute son oeuvre affirme la primauté du photographe sur le sujet.

Ronald Labelle p. 47

Membre des Satan's Choice, Montréal
1967

Négatif noir et blanc 35 mm et épreuve
33.3 cm sur 30.6 cm
68-3876 Achetés en 1968

Au cours des années soixante, Ronald Labelle a réalisé, parallèlement à son travail d'illustrateur, de nombreux reportages sur des sujets d'actualité tels les festivals pop, les sectes religieuses, l'O.L.P. et les motards. Le présent reportage sur les motards commença lorsque Labelle accompagna la journaliste Ingrid Saumart dans sa recherche sur le phénomène des Satan's Choice. Une monographie de vingt et une photographies a été produite par l'O.N.F. en 1968 et diffusée dans tout le Canada.

Charles Gagnon p. 48

John Max
1966

34 cm sur 23 cm
EX-69-98 Achetée en 1969

Son approche multidisciplinaire de l'art a amené Charles Gagnon à recourir, avec un égal bonheur, à la peinture, à la photographie, au graphisme, au cinéma et à la musique pour communiquer ses observations et ses idées. Son portrait de John Max montre l'importance et le dynamisme du milieu artistique montréalais des années soixante. L'esprit d'entraide et de communication qui prévalait est bien illustré par l'utilisation qu'a fait Charles Gagnon en 1965-66 des photographies de John Max dans son film sur la violence intitulé *Le huitième jour*. Ce court métrage faisait partie du Pavillon chrétien à EXPO 67.

John Max p. 49
Untitled / Sans titre
c. 1960

49.8 cm sur 33.5 cm
EX-79-680 Acheté à la fin des années soixante

John Max a reçu ses premières commandes de l'O.N.F. en 1965. Tous ses travaux, qu'il s'agisse de reportages sur le travail en usine, le milieu artistique, les Indiens de Mistassini ou de photographies intimistes de sa famille et de ses proches, témoignent d'une même intensité et d'une égale passion. Ses oeuvres ont été publiées dans *Ces visages qui sont un pays*, de même que dans *Image 2, 3, 5* et *6*. En 1972, l'O.N.F. a produit l'exposition *Passeport Infini* qui fit l'objet d'un numéro spécial du magazine *Impressions*. L'image reproduite ici date de la même époque et faisait partie de l'exposition *Et le soleil brilla toute la nuit* présentée en Europe en 1970 par les Affaires extérieures Canada.

Normand Grégoire p. 50
Le cri, détail № 3, extrait de la série *Polyptyque Y*
1968

Négatif noir et blanc 35 mm et épreuve
33.6 cm sur 26.7 cm
EX-68-65 Achetés en 1968

Normand Grégoire fait partie de ceux qui, à la fin des années soixante, rompirent avec les conventions de la photographie anecdotique. Son oeuvre, d'un dépouillement extrême, explore résolument un monde intérieur déchiré et angoissé qu'il transpose dans des séquences d'images. Ses premiers polyptyques, dont nous reproduisons un détail ici, étaient composés de quelques images. *Polyptyque deux* élargit cette démarche tant par la complexité de l'approche (exposition-installation, diaporama et publication) que par la richesse du sujet: l'homme face aux média. *Série 4*, publiée en 1971, est composée d'images extraites des films d'animation réalisés par Grégoire.

Judith Eglington p. 51
Untitled, from the series *Earth Visions* / Sans titre, extrait de la série *Visions Terrestres*
1972

60.5 cm sur 45 cm
72-X-804 Achetée en 1973

Impressionné par les premières oeuvres de Judith Eglington parues dans *Foto Canada* et à diverses expositions et à *B.C. Almanac(h) C.-B.*, l'O.N.F. lui a commandé en 1971 une exposition solo accompagnée d'une publication et d'un diaporama, le tout coiffé du titre *Visions Terrestres*. Pendant plus d'une année, Eglington a réalisé des prises de vue tant dans le désert californien que dans l'Arctique et a travaillé à la conception de l'exposition présentée à la Galerie de l'Image en 1973. Elle jouit d'une entière liberté dans l'élaboration de son concept, qu'il s'agisse du tirage des épreuves, de la production du diaporama ou du graphisme et de la distribution de son livre.

Viktor Kolar p. 52
Toronto, Ontario / Toronto (Ontario)
1972

17.5 cm sur 24.5 cm
72-X-1798 Achetée en 1972

Viktor Kolar a immigré au Canada en 1968. Après avoir étudié la chimie et la photographie en Tchécoslovaquie, son oeuvre s'était orientée vers le paysage et le documentaire. À son arrivée au Canada, il s'est surtout consacré au documentaire qui lui a permis de s'intégrer à son nouveau milieu et d'explorer les métropoles que sont Vancouver, Montréal et Toronto, tout en notant ses impressions et ses commentaires sur la société canadienne.

Roger Charbonneau p. 53
Slogan Féministe, boulevard Dorchester, Montréal
1972

22.5 cm sur 33.9 cm
73-X-508 Achetée en 1973

Roger Charbonneau fut, avec Michel Campeau et Serge Laurin, l'un des fondateurs du G.A.P. (Groupe d'action photographique) en octobre 1971 à la suite de l'exposition *Les Ouvriers* de Pierre Gaudard. Peu après, Claire Beaugrand-Champagne, et un peu plus tard, Pierre Gaudard et Gabor Szilasi se joignirent au groupe. Leur préoccupation première était de photographier ''l'homme québécois''. Leur attention s'est portée tout particulièrement sur la vie des quartiers et les groupes populaires montréalais. De plus, ils ont organisé plusieurs expositions de leurs travaux sur les lieux mêmes de leur réalisation. Leur première manifestation dans le circuit ''officiel'' eut lieu à la Galerie de l'Image à l'été 1972.

Pierre Gaudard p. 54
Manifestation des chômeurs de l'est de Montréal, extrait de la série *Les Ouvriers*
1969

Négatif noir et blanc 35 mm
71-2148 Acheté en 1971
Epreuve par Pierre Gaudard, 1977
20.4 cm sur 30.5 cm

Pierre Gaudard a consacré deux ans à la réalisation de *Les Ouvriers*. Au gré des circonstances et de son inspiration, il s'est fait le témoin des occupations des travailleurs tant dans leurs familles que dans leurs activités syndicales aussi bien à Montréal qu'en province. Ce document exposé en 1971 et publié sous le titre de *Image 10* offre un portrait détaillé d'un milieu plutôt que la vision d'un militant.

Claire Beaugrand-Champagne p. 55
Bruno Bilodeau, Route 1, Disraëli
1972

16 cm sur 23.6 cm
75-X-2633 Achetée en 1973

Claire Beaugrand-Champagne faisait partie du groupe composé de quatre photographes et de deux recherchistes qui a réalisé, à l'été 1972, un projet Perspectives Jeunesse intitulé *L'Imagerie populaire de Disraëli*. En 1974, un album regroupa l'ensemble des travaux du groupe après que certaines de leurs photographies eurent paru dans *Perspectives* et eurent suscité un vif débat sur le rôle et les objectifs de la photographie documentaire. Une monographie produite à partir des images réalisées par Claire Beaugrand-Champagne à Disraëli fut présentée en 1973 et diffusée par la suite en exposition itinérante. L'O.N.F. a de plus fait l'acquisition d'une sélection substantielle des photographies de Michel Campeau et de Roger Charbonneau prises à la même occasion.

George Thomas p. 56
Patrick Tompkins Family, Margaree, Cape Breton / La famille Patrick Tompkins, Margaree, Ile du Cap-Breton
1972

16.3 cm sur 21.6 cm
77-X-133 Achetée en 1973

George Thomas a pris ce portrait de la famille Tompkins au cours des huit années qu'il a consacrées à la réalisation d'un document sur la vie de ses voisins de la vallée de la Margaree à l'Ile du Cap-Breton. Trente-deux de ses épreuves en noir et blanc figuraient à l'exposition *La vie quotidienne* produite en 1973 par Ron Solomon. La même année, ses diapositives faisaient partie du film de l'O.N.F. intitulé *Margaree People* et devenaient un diaporama intitulé *La douce vallée* produit par le Service. En 1980, la publication d'un ouvrage intitulé *Margaree* venait couronner le projet.

Pamela Harris p. 57
Mrs. Parsons in her kitchen, Trout River, Newfoundland / Mme Parsons dans sa cuisine, Trout River (Terre-Neuve)
1972

16.2 cm sur 24.3 cm
75-X-2553 Achetée en 1972

La première oeuvre d'importance de Pamela Harris acquise par l'O.N.F. est sa documentation des villages d'Admiral's Cove et de Trout River à Terre-Neuve. Harris n'a eu de cesse de sonder au moyen de la photographie la condition des sujets et de préserver de l'oubli l'histoire des femmes d'hier et de maintenant. Grâce à la coopération de l'O.N.F., elle a séjourné trois mois à Spence Bay durant lesquels elle a mis sur pied des ateliers de photographie destinés aux femmes inuites. En 1983, le Service lui a confié la tâche délicate et ardue de produire une documentation sur les aides familiales et les gouvernantes de la région de Toronto.

Louise Turner p. 58
Fort George, Quebec / Fort George (Québec)
1972

23.3 cm sur 33 cm
75-X-1410 Achetée en 1975

À l'été 1972, Louise Turner est invitée à se joindre à trois photographes, George Legrady, Miklos Legrady et Lillian Sly, qui se sont regroupés pour réaliser un portrait des Indiens de la Baie James grâce à une subvention du programme Perspectives Jeunesse. Ses travaux accompagnés de ceux de George Legrady furent présentés au Centre de conférences du gouvernement à Ottawa lors de *Photo Festival 1975* et diffusés par la suite sous forme d'exposition itinérante. Leur document fait une part égale à la description des lieux comme en fait foi la photographie reproduite ici et aux portraits des gens qui les habitent.

Laura Jones p. 59
A young family / Une jeune famille
1971

30.4 cm sur 21.1 cm
71-X-459 Acheté en 1971

Ce portrait d'une jeune famille était l'une des quatre photographies de Laura Jones retenues pour l'exposition *Photographie 25* en 1972. Plus de 800 jeunes photographes avaient soumis leurs oeuvres. Deux expositions collectives produites par la suite ont également présenté des photographies de Jones, soit *CANADA / c'est quoi?* et *Photographie 75*. Toutes les séries de Jones que renferme la collection portent sur la vie communautaire, qu'elles retracent les différentes étapes de la maternité ou qu'elles brossent un portrait de la grande famille de la rue Baldwin où était situé l'un des hauts lieux de la photographie de l'époque.

Michael Torosian p. 60
Allan Gardens, Toronto / Jardins Allan, Toronto
1973

17 cm sur 23 cm
EX-75-67 Acheté en 1974

Michael Torosian venait tout juste d'obtenir son diplôme du Ryerson Polytechnical Institute lorsque cette photographie et sept autres furent achetées pour la collection. Graduellement, d'autres images tirées de son essai sur les Jardins Allan se sont ajoutées à la collection et, en 1979, ses oeuvres ont fait l'objet d'une exposition intitulée *Cris contenus*. Les travaux de Torosian réalisés durant les années soixante-dix figurent en bonne place dans la collection avec les monographies *Un alphabet manuel* et *Nocturne*, publié en 1977 sous le titre de *Signature 3*.

Douglas Beube p. 61
Joe Sherman Clown, Clyde Bros. Circus / Le clown Joe Sherman du cirque Clyde Bros.
1973

12.2 cm sur 18.2 cm
75-X-1423 Achetée en 1975

La photographie que Doug Beube a prise du clown Joe Sherman s'inscrit dans la série de sept portraits de saltimbanques qui faisaient partie des vingt épreuves acquises en 1974 et en 1975. Frais émoulu de l'Université York, Beube s'engageait à l'époque dans une carrière qui devait l'amener à enseigner dans des collèges et des universités tout en poursuivant son oeuvre personnelle par le biais d'études graduées et d'expositions. Ses recherches portent sur la création de livres d'artiste grâce auxquels il espère faire reculer les limites de l'expression photographique.

Randy Saharuni p. 62
Untitled / Sans titre
1972

10.6 cm sur 16.4 cm
73-X-665 Achetée en 1973

Cette image de Randy Saharuni faisait partie, en 1973, de sa monographie intitulée *Inflections* qui évoquait des expériences intimes au moyen d'ombres et de lumières fortement démarquées. La même photographie réapparaît en 1978 dans *Mmmmm* où Saharuni réinterprétait métaphoriquement, au moyen de séquences et de paires d'images anciennes certains leitmotive personnels. Ce faisant, il illustre la richesse d'interprétations que suggère le médium. Ces deux ensembles d'oeuvres figurent à la collection de l'O.N.F.

Shun Sasabuchi p. 63
Dazaifu tenmangu Temple, Futsukaichi city, Kyushu, Japan / Temple Dazaifu tenmangu, Futsukaichi, Kyushu (Japon)
1976

13.8 cm sur 19.9 cm
EX-76-566 Achetée en 1976

Le Service possède deux séries de photographies de Shun Sasabuchi, toutes deux achetées un an après que ce dernier ait reçu son diplôme de l'Ontario College of Art, où il s'est spécialisé en photographie et en graphisme. Dans sa première monographie intitulée *Amorphis*, Sasabuchi exerce ses talents au clair de lune pour nous livrer de la nature des visions familières sous un éclairage inusité. La seconde, dont est extraite l'image reproduite ici, illustre le retour de l'artiste dans sa patrie. Dans ses oeuvres d'inspiration japonaise, Sasabuchi se penche sur l'esprit méditatif de l'art de son pays et il établit un lien avec les origines mêmes de cette culture engendrée par la nature.

Gabor Szilasi p. 64
Mme Alexis (Marie) Tremblay, Ile aux Coudres (Québec)
1970

24 cm sur 18.6 cm
EX-78-855 Achetée en 1972

Son travail pour le compte de l'Office du film du Québec a permis à Gabor Szilasi de parcourir presque tout le Québec rural. A l'été 1970, il réalise un travail personnel ayant pour thème la vie des habitants de la région de Charlevoix. Les photographies qui en résultèrent font ressortir les contrastes entre l'ancien et le nouveau, la tradition et la modernité, le religieux et le profane. S'il est vrai que le documentaire excelle à cerner les signes de mutations sociales, le travail de Szilasi dans Charlevoix inspirera nombre de photographes québécois au cours des années soixante-dix.

Geoffrey James p. 65
Untitled / Sans titre
1974

15.5 cm sur 22.9 cm
EX-75-76 Achetée en 1975

La présence de Geoffrey James dans le milieu de la photographie canadienne, que ce soit en tant que journaliste, critique, professeur, chef des arts visuels au Conseil des arts du Canada ou photographe dure depuis le milieu des années soixante. L'O.N.F. a fait une première acquisition de ses oeuvres en 1975. Déjà, James démontre un intérêt marqué pour les environnements où les traces de l'intervention de l'homme sont apparentes. Cette attitude le conduira à réaliser un document sur les jardins à l'européenne. Vingt de ces vues panoramiques ont été incorporées à la collection en 1984.

Hubert Hohn p. 66
Untitled / Sans titre
1973

19.5 cm sur 24.5 cm
EX-76-378 Achetée en 1974

Hubert Hohn décrit les étendues à perte de vue des Prairies avec la précision d'une chambre 8″ × 10″ afin de rendre en détails et en profondeur l'immensité de la terre et du firmament qui échappent à la vision normale. L'exposition *10 Albums* tenue en 1975 mettait en parallèle les horizons fortement définis de Hohn et les champs texturés de l'Est de Robert Bourdeau et de Carol Marino.

Orest Semchishen p. 67
St. Mary's Ukrainian Greek Catholic Church, Waugh, Alberta / Eglise catholique ukrainienne grecque St. Mary's, Waugh (Alberta)
1973

23.4 cm sur 18.4 cm
74-X-1534 Achetée en 1974

Dans tous les travaux d'Orest Semchishen figurant à la collection, qu'il s'agisse des églises de rite oriental d'Alberta, de la vie austère du père Seraphim ou de la culture des Japonais installés au Canada, on retrouve une information détaillée et précise. Celle-ci résulte de l'utilisation d'une chambre grand format, d'une intime connaissance de ses sujets et d'une profonde sympathie pour leur mode de vie. Semchishen explore l'enracinement des multiples groupes ethniques venus peupler l'Ouest canadien en y transplantant leurs coutumes et leur culture.

Robert Bourdeau p. 68
Utah
1976

19.5 cm sur 24.5 cm
EX-79-425 Achetée en 1979

Cette photographie est l'un des nombreux paysages de la vaste collection des oeuvres de Robert Bourdeau, réalisées entre 1961 et 1981, que possède le Service. Ronald Solomon n'a cessé d'encourager la carrière de Bourdeau en achetant de ses oeuvres au cours des années soixante et au début des années soixante-dix. Avant sa mort en 1974, il avait dressé des plans pour réaliser une monographie de l'artiste, laquelle a été publiée par l'O.N.F. en 1979 chez Mintmark Press.

David Miller p. 69
Grain Elevator No. 1, Port of Montreal / Silo à céréales N° 1, Port de Montréal
1976

19.4 cm sur 24.5 cm
EX-80-72 Achetée en 1980

David Miller se situe dans la ligne de la photographie documentaire classique. Depuis 1970, ses travaux sur le Vieux Montréal, le Port de Montréal et la construction de l'autoroute Est-Ouest constituent des archives qui vont informer la postérité des changements intervenus dans le tissu urbain. Ses photographies du Port de Montréal faisaient partie de l'exposition *Environnements* en 1980 qui mettait en relief les oeuvres de photographes soucieux de la qualité du milieu de vie.

Michael deCourcy p. 70
Fort St. John, from the series *Aireal View: Regional Land Impressions of British Columbia* / Fort St. John, extrait de la série *Topographie régionale, Colombie-Britannique*
1973

Photo-sérigraphie
39.2 cm sur 58.7 cm
76-X-530 Achetée en 1973

Durant les années soixante-dix, le nom de Michael deCourcy fut étroitement lié à celui de l'O.N.F. Après avoir pris part à *B.C. Almanac(h) C.-B.*, il a produit deux études topographiques, la première *Les 2100, rue Arbutus, Vancouver (Colombie-Britannique)* délimitait un secteur urbain, la seconde, *Topographie régionale, Colombie-Britannique* réorganisait des vues aériennes. Roy Kiyooka et Michael deCourcy furent à l'origine du groupe *13 Caméras / Vancouver* formé en 1979 pour produire un volume et des expositions pour le compte de l'O.N.F.

John C. Walker p. 71
Laurentians, Quebec / Laurentides (Québec)
1974

Epreuve par transfert de colorants
39.5 cm sur 57.5 cm
EX-77-528C Achetée en 1977

John C. Walker a commencé au début des années soixante-dix à utiliser la pellicule en couleurs de format 8″ × 10″ pour créer ses paysages. Le Service a choisi six de ses photographies du bouclier précambrien pour l'exposition *Photo 77* organisée au Centre de conférences du gouvernement à Ottawa, en 1977. Walker parvient à rendre sur l'épreuve le réalisme des couleurs et la finesse du détail de ses diapositives en recourant au procédé de transfert des couleurs.

B.A. King p. 72
Joy / Joie
1971

10.4 cm sur 15.5 cm
EX-78-471 Achetée en 1972

Typique des vingt-cinq photographies en noir et blanc composant la monographie de B.A. King, cette épreuve révèle la délicatesse avec laquelle le photographe dépeint le paysage rural. Les dimensions réduites de ses images et la simplicité des formes émergeant souvent de champs enneigés confèrent à ses scènes de campagne une touche d'élégance et de raffinement. Ces photographies furent présentées pour la première fois en 1972 dans le cadre de l'exposition *7 Photographes* et ensuite diffusées à la grandeur du pays.

Serge Tousignant p. 73
Environnement transformé N° 1 – Dotscape
1975

Tirage offset 25 / 100
44.1 cm sur 62 cm
EX-77-432C Achetée en 1977

Les épreuves de Serge Tousignant figurant à la collection ont été réalisées entre 1973 et 1980 à l'aide de divers moyens d'impression, y compris des procédés photomécaniques et la photographie en couleurs. Dans toutes ses oeuvres, Tousignant étudie la transposition à la fois fidèle et illusoire des formes structurelles sur une surface bidimensionnelle. Pour créer l'image montrée ici, Tousignant a inséré une photographie dans un écran pointillé pour ainsi renverser la perspective du paysage également parsemé de points.

Egon Bork p. 74
Peyto Lake, Banff National Park / Lac Peyto, Parc national de Banff
1969

Diapositive en couleurs 35 mm
75-X-1260K Achetée en 1975
Epreuve Cibachrome, 1984
34.4 cm sur 23.4 cm

Depuis 1963, l'O.N.F. a acquis, au rythme de ses expositions et de ses publications, une sélection variée des travaux d'Egon Bork. Ses photographies ont paru dans *Canada du temps qui passe*, *Rêveries en couleurs*, *Canada* et dans *Le Monde Magique de l'Enfance*. Une monographie de ses photographies de l'Alberta a fait partie de *Photo 77*, et a, par la suite circulé partout au Canada.

Daniel Conrad p. 75
Untitled / Sans titre
1975

Epreuve Ektacolor
35.5 cm sur 25 cm
EX-78-831C Achetée en 1978

Daniel Conrad participe à sa première exposition avec l'O.N.F. dans le cadre de *Photographie 25*. En 1975, le Service lui confie la tâche de photographier aux îles de la Reine-Charlotte. L'intérêt grandissant pour les photographies de Conrad amène l'O.N.F. à l'inviter à soumettre ses travaux en vue de produire une exposition solo. Celle-ci fut présentée à la Galerie de l'Image en contrepoint aux oeuvres conceptuelles de *13 Caméras / Vancouver*. Les visions intensément personnelles et voluptueuses de la nature réalisées par Conrad firent l'objet d'une tournée à la grandeur du Canada.

Carl J. Tracie p. 76
Hailstorm south of Calgary on No. 2 / Tempête de grêle au sud de Calgary, sur la N° 2
1974

Diapositive en couleurs 35 mm
75-X-1855K Achetée en 1975
Epreuve Cibachrome, 1984
23.4 cm sur 34.4 cm

En qualité de géographe s'intéressant à l'histoire, Carl J. Tracie a constitué une collection de photographies des paysages ruraux de l'Ouest du Canada. Les oeuvres de Tracie, que le Service a ajoutées à sa collection de diapositives en couleurs, ont été choisies pour leur qualité visuelle et les images caractéristiques qu'elles offrent des Prairies, reflets de la nature ou de la civilisation.

Freeman Patterson p. 77
New Brunswick / Nouveau-Brunswick
1978

Epreuve Ektacolor
23 cm sur 34.5 cm
80-X-5C Achetée en 1980

Les premières photographies de Freeman Patterson ont été achetées en 1965, lorsque le Service s'efforçait de recueillir du matériel pour la réalisation des recueils projetés à l'occasion du Centenaire de la Confédération. Cinquante-quatre des photographies publiées dans le volume *Canada du temps qui passe* sont de lui. Par la suite, ses oeuvres en couleurs ont figuré à l'exposition *Le Monde Magique de l'Enfance*, aux publications *Rêveries en couleurs* (1971), *Canada* (1973) et *Entre Amis* (1976) ainsi qu'aux trois diaporamas parrainés par Environnement Canada. Le ministère des Affaires extérieures a eu recours à ses images pour illustrer plusieurs expositions portant sur le Canada.

Gabor Szilasi p. 78
Chambre à coucher, M. et Mme André Houde, Lotbinière (Québec)
1977

Epreuve Ektacolor
24.7 cm sur 34.3 cm
EX-80-148C Achetée en 1980

En 1976, Gabor Szilasi a reçu une bourse du Conseil des arts du Canada pour continuer son portrait du Québec rural amorcé au début des années soixante-dix. Il a alors visité plusieurs régions qu'il n'avait pas encore parcourues, notamment le Lac Saint-Jean et Lotbinière. Sans délaisser les qualités qui ont fait la renommée de ses travaux antérieurs, il introduit dorénavant la couleur non pour ses qualités décoratives mais comme un jeu d'informations supplémentaires. Cette photographie faisait partie de l'exposition *Environnements* en 1980.

Clara Gutsche p. 79
Helen
1975

12 cm sur 9.5 cm
EX-78-21 Achetée en 1978

Les oeuvres de Clara Gutsche faisant partie de la collection représentent les jalons marquants de l'approfondissement de sa vision. En 1973, *Milton Park* dressait un dossier de la destruction d'un quartier montréalais chargé d'histoire. *Viens faire un tour*, présenté en 1975 avec les oeuvres de Barbara Astman, était composé d'une étude des gens et du milieu du quartier Centre-Sud de Montréal et de portraits de voisins de Clara. Cette approche intimiste culmine dans *Six filles: un portrait dans le temps*, présenté en 1978. Cette étude couvrant trois ans décrit minutieusement la vie de six soeurs et de leur milieu et relate leur apprentissage de la féminité. Délaissant le portrait, Gutsche poursuit sa critique des rôles sociaux et de la société de consommation par une série de photographies de vitrines présentée en 1979.

Walter Curtin p. 80
Louis Quilico and Carlo Maestrini, Opéra du Québec, Place des Arts, Montreal / Louis Quilico et Carlo Maestrini, Opéra du Québec, Place des Arts, Montréal
1974

22.4 cm sur 33.8 cm
EX-82-443 Achetée en 1982

Le Service a produit depuis 1981 en collaboration avec Archives publiques Canada deux expositions consacrées aux travaux de Walter Curtin. Une rétrospective retrace sa carrière à partir de ses premières commandes de photographies publicitaires et éditoriales réalisées à son arrivée au Canada en 1953 jusqu'à sa documentation personnelle des dernières années portant sur la vie musicale canadienne. Une seconde exposition intitulée *Les Musiciens* est consacrée exclusivement à son exploration du monde de la musique amorcée en 1972. Le portrait de Louis Quilico et Carlo Maestrini fait partie des deux expositions et du diaporama retraçant sa riche carrière.

Judith Eglington p. 81
Carlos Giron, Mexico, from the series *The Athletes of the XXI Olympiad* / Carlos Giron, Mexique, extrait de la série *Les athlètes de la XXI* ᵉᵐᵉ *olympiade*
1976

20.7 cm sur 32.7 cm
EX-77-329 Achetée en 1977

L'impressionnante documentation recueillie par Judith Eglington aux Jeux olympiques de Montréal retient l'attention pour deux raisons: d'un côté son talent à prévoir le potentiel photographique des épreuves sportives, de l'autre, son lien viscéral avec les athlètes à l'oeuvre. La concentration et la détermination des athlètes et de la photographe sont de même nature. Eglington a travaillé dans l'indépendance la plus totale, sans accréditation et avec un minimum de matériel. Ses éloquentes images participent de la même force vitale qui anime *Visions Terrestres* et son diaporama *Vue*.

Pierre Gaudard p. 82
Prison de Laval (Sécurité super maximum), Laval (Québec)
1975

20.5 cm sur 30.5 cm
EX-77-57 Achetée en 1977

Les grands projets documentaires de Pierre Gaudard font tous partie de la collection de l'O.N.F. *Mexique* fut l'une des premières expositions présentées à la Galerie de l'Image. Son essai intitulé *Les Ouvriers* fut exposé à l'automne 1971. Le document de Gaudard sur les prisons canadiennes a débuté en 1975 par une commande du magazine *Time*. Intéressé par ce qu'une semaine dans le milieu carcéral lui avait fait découvrir, il décida de poursuivre l'expérience sur plus d'une année. Le magazine *OVO* a publié le reportage. Son exposition *Retours en France*, présentée en 1982, était le fruit d'un séjour d'une année en France.

Deborah Shackleton p. 83
Craig Russell, Female Impersonator, February 19, 1979 "I seem to be Judy just as she was a short while before she died." / Craig Russell, acteur travesti, 19 février 1979 "Il me semble être Judy exactement comme elle était peu de temps avant sa mort."
1979

20.1 cm sur 15.1 cm
EX-81-129 Achetée en 1981

En 1979, Deborah Shackleton a entrepris un projet à long terme intitulé *Canadian Energy, Dialogues on Creativity* (dynamisme canadien: dialogues sur la créativité), une série de portraits de Canadiens de renom. Depuis, elle a couvert un éventail impressionnant de disciplines artistiques et intellectuelles. Parmi les photographies présentées à l'exposition *Photo-reportage* en 1981, on retrouvait les portraits de l'érudit Northrop Frye, de l'animateur Roy Bonisteel, de certains membres du Ballet national du Canada et ce portrait intimiste de Craig Russell, acteur travesti et vedette du film *Outrageous*.

Marian Penner Bancroft p. 84
Dennis and Susan, Seattle Apartment, from the series *For Dennis and Susan: Running Arms to a Civil War* / Dennis et Susan, l'appartement de Seattle, extrait de la série *A Dennis et Susan: Contrebande d'armes pour une guerre civile*
1977

11.5 cm sur 16.2 cm
EX-79-294 Achetée en 1979

Dans les vingt-cinq photographies et le texte composant *A Dennis et Susan: Contrebande d'armes pour une guerre civile*, Marian Penner Bancroft témoigne des moments passés avec sa soeur Susan et le mari de celle-ci, le cinéaste Dennis Wheeler. A cette époque, tous les espoirs étaient encore permis dans le combat que livrait ce dernier à la leucémie. Dennis Wheeler est décédé en novembre 1977. A la suite de cette expérience, Penner Bancroft a continué de puiser à même les joies et les peines de ses expériences personnelles pour élaborer sa participation à *13 Caméras / Vancouver* et pour composer de grands triptyques associant le mot et l'image. Ces deux séries d'oeuvres figurent à la collection de l'O.N.F.

Sandra Semchuk p. 85
Self-portrait taken in Baba's bedroom on the day I said good-bye to her, Meadow Lake, Saskatchewan / Autoportrait pris dans la chambre de Baba le jour où je lui ai fait mes adieux, Meadow Lake (Saskatchewan)
1977

22.4 cm sur 26.8 cm
EX-77-562 Achetée en 1978

Pour Sandra Semchuk, la photographie est le moyen lui permettant d'explorer ses états d'âme et ses réactions aux personnes, aux lieux et aux événements composant sa vie. L'autoportrait constitue sa forme privilégiée d'expression. Elle a pris celui-ci dans la chambre de sa grand-mère le jour de sa mort. Un extrait de son journal photographique faisait partie de l'exposition *Manitoba / Saskatchewan / Alberta* en 1978. Des extraits de son travail documentaire à connotation autobiographique réalisé dans son village natal de Meadow Lake furent présentés lors de l'exposition *Photographie 75* regroupant des oeuvres de femmes.

Hiro Miyamatsu p. 86
Old age death is unusual nowadays, Grassy Narrows Indian Reservation / Il est rare que l'on meure de vieillesse de nos jours, réserve indienne de Grassy Narrows
1976-1977

34.7 cm sur 50.5 cm
EX-81-223 Achetée en 1980

En 1970, on découvrait que les habitants de la réserve indienne de Grassy Narrows étaient atteints de la maladie de Minamata. On attribua l'intoxication aux résidus mercuriels d'un moulin à papier situé à proximité. Une délégation d'experts japonais se rendit sur les lieux pour conseiller les habitants de la réserve. Ils étaient accompagnés du photographe Hiro Miyamatsu qui, dans la grande tradition de la photographie engagée, passa plus d'une année sur la réserve afin de relater les ravages de la pollution industrielle dans l'espoir que s'opère un changement.

Tom Skudra p. 87
Queen and Bathurst, Toronto, Ontario / Queen et Bathurst, Toronto (Ontario)
1979

21.7 cm sur 32.2 cm
EX-82-652 Achetée en 1982

Bien que Tom Skudra réalise souvent des travaux de photographie commerciale, ses goûts personnels et ses aptitudes le portent vers le photojournalisme. Le reportage "Queen et Bathurst" lui a été commandé en 1979 par *Toronto Life*. Depuis 1978, ce magazine a chargé Skudra de couvrir divers sujets tels les autochtones vivant à Toronto, les immigrants jamaïquains et l'hôpital pour les enfants malades. "Queen et Bathurst" constituait un exemple des tendances actuelles du photojournalisme lors de l'exposition *Sur Commande* en 1982.

Brian Condron p. 88
Niagara Falls, Ontario, from the series *Slowly I Turned...* / Niagara Falls (Ontario), extrait de la série "Lentement, je me retournai..."
1976

20.2 cm sur 30.5 cm
EX-77-4 Achetée en 1977

Brian Condron a passé quatre étés à Niagara Falls pour y photographier ce phénomène naturel qui a inspiré tant d'oeuvres romantiques aux graveurs, aux peintres, aux poètes, aux écrivains et aux photographes. Le regard de Condron est ironique et nous révèle sous ménagement l'envers du décor, une débauche de réclames et de publicité servant à leurrer le touriste. Présentée à la Galerie de l'Image en 1981, la série fut publiée en même temps par la galerie d'art de l'Université York de Toronto.

Michael Morris p. 89
Untitled, from the series *Between The Frames* / Sans titre, extrait de la série "Entre les images"
1978

Epreuve Cibachrome, 1/3
40.5 cm sur 51 cm
Ex-80-34C Achetée en 1980

Michael Morris, membre fondateur du groupe Western Front Society de Vancouver, a recours à la photographie tant pour ses qualités propres que comme ébauche de films et de vidéogrammes. Deux épreuves en couleurs extraites de "Entre les images" acquises à l'occasion de l'exposition *Cibachrome* venaient s'ajouter à sa monographie réalisée pour *B.C. Almanac(h) C.-B.*. Les deux oeuvres mettent en scène des modèles masculins et utilisent des miroirs dans des environnements naturels. Le fascicule *Alex and Rodger, Rodger and Alex* enregistre les déplacements de la lumière réfléchie par un miroir sur la peau et le roc. "Entre les images" pousse plus avant en dédoublant l'information: d'un côté, nous voyons ce qui se présente d'un point de vue fixe, de l'autre, des facettes inédites de la même scène apparaissent réfléchies par des miroirs.

Ray Van Dusen p. 90
Untitled / Sans titre
c. 1976

Epreuve orthochromatique virée, 1/10
22 cm sur 32.5 cm
EX-76-536 Achetée en 1976

Les préoccupations d'ordre formel si importantes dans l'oeuvre de Ray Van Dusen se manifestent déjà dans le cadrage serré, la composition forte et la distorsion des plans de cette photographie. Plus important encore dans ses travaux de cette époque est le recours à la métaphore pour suggérer les rapprochements et les antagonismes qui sont le propre des rapports humains. Les possibilités symboliques des images sont renforcées par la disposition en séquence à l'occasion d'exposition. Cette image est extraite d'une série présentée en 1977 en compagnie de six monographies illustrant diverses approches photographiques.

Scott MacEachern p. 91
Untitled, from the series *The Performers or While We Wait* / Sans titre, extrait de la série "Les acteurs ou en attendant"
1976

18.5 cm sur 27.6 cm
EX-77-123 Achetée en 1977

Vingt et une photographies de Scott MacEachern furent présentées à la Galerie de l'Image en 1977 en même temps que les oeuvres de Vahé Guzélimian, Stephen Livick et Nina Raginsky. Cette séquence est composée d'une suite de moments non pas décisifs, encore moins dramatiques, mais tout simplement banals auxquels les manipulations du photographe et les angles de prise de vue inusités confèrent une multitude de sens. MacEachern démontre le pouvoir que détient le photographe de faire surgir l'ambiguïté de la plus banale des situations.

Michael Flomen p. 92
Tokyo Tower, Japan / Tour de Tokyo (Japon)
1977

38.4 cm sur 57.2 cm
EX-79-232 Achetée en 1979

Toutes les photographies de Michael Flomen révèlent l'équilibre précaire entre l'espèce humaine et son milieu. Dans les environnements urbains d'Amérique, d'Europe ou d'Asie qu'il privilégie, les formes humaines dépouillées d'identité ne constituent qu'un repère dans l'espace. Son propos n'est aucunement de nous communiquer le génie du lieu ou l'esprit du temps mais d'atteindre à un universel qui sollicite la réflexion. Vingt-cinq de ses photographies de grand format faisaient partie de *Vécu* en 1979.

Suzy Lake p. 93
Choreographed Puppet / Chorégraphie pour marionnette
1976

27.8 cm sur 35.5 cm
EX-76-632 Achetée en 1977

Suzy Lake poursuit une exploration des thèmes de l'identité, de la vulnérabilité et de la présence de l'individu. Ses premières oeuvres acquises pour *Photographie 75* étaient composées de portraits de l'artiste et du marchand Gilles Gheerbrant sur lesquels les physionomies étaient transformées par l'échange de détails anatomiques. "Chorégraphie pour marionnette" présentée en 1977 poussait plus loin cette approche en étudiant les gestes et les mouvements d'un individu confiné à un lieu clos.

Barrie Jones p. 94
Hatshepsut's Temple, Thebes, 1974, from the series *Hockey Shots* / Temple Hatshepsut, Thèbes, 1974, extrait de la série "Le Hockey"
1974

Epreuve Cibachrome
101.5 cm sur 71 cm
EX-80-355C Achetée en 1980

Barrie Jones aime intervenir dans le processus photographique, soit en personne, soit par le choix de la mise en scène. Cette photographie d'un joueur de hockey posté à l'entrée d'un temple égyptien est extraite de la série "Le Hockey" où Jones campe ce personnage familier devant des sites aussi célèbres que le Parthénon, la Tour Eiffel et le Grand Canyon. Jones a présenté ses oeuvres à la Nova Gallery de Vancouver de qui l'O.N.F. a fait l'acquisition de la photographie reproduite ici pour son exposition *Cibachrome* tenue en 1980.

Taki Bluesinger p. 95
Anuradhapura, Sri Lanka / Anurâdhapura (Sri Lanka)
1977

Epreuve Cibachrome
49.5 cm sur 39.3 cm
EX-80-500C Achetée en 1980

Pendant dix mois, en compagnie de Glenn Lewis, Taki Bluesinger a visité des jardins d'Europe, du Moyen-Orient et d'Asie. Ce voyage se voulait une exploration des lieux où l'homme a tenté de recréer le Paradis terrestre. Les photographies de Bluesinger et les textes de Lewis ont paru dans *Impressions* sous le titre de *Journey Through an Earthly Paradise* et dans le catalogue *Bewilderness – The Origins of Paradise* publié par la Vancouver Art Gallery en 1978. L'O.N.F. a réuni vingt-cinq des épreuves Cibachrome de Bluesinger accompagnées des textes et des diapositives 35 mm de Glenn Lewis dans le cadre de l'exposition *Le Paradis*.

Richard Nigro p. 96
Of Intimate Silence (detail) / Silence intime (détail)
1978

29 épreuves Cibachrome
5.5 cm sur 5.5 cm chacune,
dimensions d'ensemble 76.5 cm sur 73.8 cm
EX-80-356C Achetées en 1979

"Silence intime" tire son inspiration des écrits de Yukio Mishima. La passion et la violence de *Forbidden Colours* ont stupéfié Richard Nigro qui a alors rédigé un scénario à partir duquel il a réalisé les prises de vue à l'aide de figurants. Dans ses oeuvres subséquentes, il a recours à une approche multidisciplinaire pour créer des performances conjuguant le théâtre, la musique et la photographie. La séquence de vingt-neuf images composant "Silence intime" fut présentée lors de l'exposition *Cibachrome*.

Michael Semak p. 97
Untitled / Sans titre
1976 / 1979

Epreuve argentique et texte
19.9 cm sur 22.4 cm
EX-80-302 Achetée en 1980

Les idées politiques et humanistes de Michael Semak imprègnent son oeuvre entière, et celles-ci prédominent dans ses travaux des années soixante-dix retenus pour l'exposition *Mots et Images*. Dans ceux-ci, Semak accole ses images, soit des instantanés ou des mises en scène, à des titres et à des slogans recueillis dans des journaux et des périodiques. Les résultats sont discordants. Semak crée ces traitements de choc pour signaler des injustices d'ordre social, économique ou sexuel. Par cette cohabitation d'images personnelles et de langage conventionnel, il ridiculise le confort des beaux esprits libéraux.

Robert Frank p. 98
Mailbox + Letters, Winter, 1976 / Boîte aux lettres et lettres, hiver 1976
1976

Epreuves en couleurs, papiers, photographies en noir et blanc, collage
45 cm sur 61.9 cm
EX-77-796C Achetée en 1977

En 1978, l'O.N.F. a exposé une soixantaine d'oeuvres de Robert Frank qui avait quitté les Etats-Unis en 1969 pour s'établir à Mabou en Nouvelle-Écosse. Son volume *Les Américains*, publié à Paris en 1958 par Robert Delpire, témoignait d'une sensibilité neuve en photographie. *The Lines of My Hand*, ouvrage autobiographique, a suivi l'évolution de Frank vers le cinéma. L'exposition produite par l'O.N.F. présentait des oeuvres récentes parmi lesquelles il faut mentionner des collages empreints de lyrisme et de délicatesse inspirés de la vie à l'île du Cap-Breton.

Serge Clément p. 99
Montréal, extrait de la série *Affichage et automobile*
1976

17.4 cm sur 26 cm
EX-79-154 Achetée en 1979

Depuis plus de dix ans, Serge Clément trace, par couches successives, un portrait de la vie québécoise. Résolument modernes, ses vignettes des us et coutumes d'une société sont investies d'une réalité documentaire classique. En les examinant de plus près, nous nous rendons compte que, de la juxtaposition de ces lieux et de ces moments surgit un commentaire personnel. La série *Affichage et automobile* présentée à l'O.N.F. en 1981, témoigne éloquemment de ce parti pris critique du photographe.

Sylvain P. Cousineau p. 100
Silhouette
1974

18.3 cm sur 12.5 cm
EX-76-190 Achetée en 1976

Au dire de Sylvain P. Cousineau, la photographie présentée ici, de même que la série dont elle est extraite, pourrait être décrite comme "une vie secrète... beaucoup plus compromettante et personnelle que je ne l'aurais souhaité". Le message de ses images dures et impitoyables publiées dans *Mona Nima* est faussement simple. Leur impact est de l'ordre du mystère et de la complexité.

Pierre Boogaerts p. 101
Détail de *Une après-midi sur mon balcon, Montréal, 18 août 1978*
1978

Quatre épreuves argentiques montées sur carton
38 cm sur 50.5 cm chacune, dimensions d'ensemble 75.8 cm sur 100.9 cm
EX-79-503 à EX-79-506 Achetées en 1979

Depuis le début des années soixante-dix, Pierre Boogaerts crée une oeuvre photographique conceptuelle explorant les rapports entre la nature et la culture. *Une après-midi sur mon balcon* introduit une nouvelle dimension dans celle-ci, le temps intime, opérant la synthèse entre le milieu naturel et le livre de Moscovici. Cette oeuvre faisait partie de l'exposition *Vécu* en 1979 qui a été diffusée par la suite en exposition itinérante.

General Idea p. 102
#2-051 "The Advantages of Labels" from *The 1984 Miss General Idea Pageant* / #2-051 Les avantages d'une réputation, extrait de "Spectacle pour Mlle General Idea 1984"
1977

Epreuve en couleurs montée sur une sérigraphie et manuscrit 2/2
45.7 cm sur 35.6 cm
EX-80-156C Achetée en 1980

General Idea est le fruit de la collaboration de trois artistes torontois, A.A. Bronson, Felix Partz et Jorge Zontal. Depuis 1971, leurs travaux convergent vers deux grands projets: *The 1984 Miss General Idea Pageant* et *The 1984 Miss General Idea Pavillion*. Pour se préparer à cette célébration mythique, ils ont soigneusement étudié et minutieusement perfectionné leur image de marque. Les dix maquettes acquises en 1980 pour l'exposition *Mots et Images*, mettent en lumière cet aspect de leur travail collectif.

Rodney Werden p. 103
Untitled / Sans titre
1974

Epreuve argentique coloriée à la main
23.8 cm sur 18.9 cm
EX-76-237C Achetée en 1976

Rodney Werden crée pour chacun de ses portraits un cadre somptueux. Photographiés dans un riche décor de leur invention, auquel Werden a apporté sa touche personnelle, ses personnages sont autant de modèles de bon goût et d'imagination. Les couleurs appliquées à la main creusent l'écart entre ces scènes modernes et la réalité en conférant à celles-ci un côté nostalgique. Sept des portraits de Rodney Werden faisaient partie de l'exposition *21 Photographes* produite en 1976. Ses oeuvres ont par la suite été présentées en tournée avec celles d'un artiste de la côte Ouest, William Cupit, dans le cadre d'une exposition intitulée *L'Addition de la Couleur*.

Don Corman p. 104
It was such a lovely day, time seemed to stand still, from the series *Artifact* / Artifice: History in the Making / C'était une si belle journée que le temps semblait s'être immobilisé, extrait de la série "Artefact / artifice: l'histoire en marche"
1979

Epreuve Ektacolor et Letraset
50.6 cm sur 60.7 cm
EX-80-325C Achetée en 1980

Travaillant dans le milieu des musées, Don Corman cherche à combiner l'authentique et l'illusoire avec la réalité historique. En ajoutant à ses photographies des textes, il métamorphose leur contexte original pour créer de nouvelles images chargées d'une signification inattendue et empreintes de surréalisme. Treize oeuvres extraites de sa série "Artefact / artifice: l'histoire en marche", ont fait partie de l'exposition *Mots et Images* tenue en 1980.

Chris Gallagher p. 105
Floats like a cork / Ça flotte comme un bouchon de liège
1979

Epreuve Cibachrome
49.6 cm sur 59.7 cm
EX-80-367C Achetée en 1980

Les représentations disproportionnées d'objets usuels que réalise Chris Gallagher remettent en question le pouvoir communément dévolu à la photographie d'organiser le monde selon des schémas commodes et acceptables par tous. "Ça flotte comme un bouchon de liège" est l'une des deux épreuves en couleurs de grand format achetées pour l'exposition *Cibachrome* en 1980. L'année précédente, Gallagher s'était joint au groupe *13 Caméras / Vancouver* pour concevoir des expositions et un livre en collaboration avec l'O.N.F.

Randy Bradley p. 106
Untitled / Sans titre
1979

Epreuve Cibachrome
49.4 cm sur 49.4 cm
EX-80-365C Achetée en 1980

Les chantiers de construction et les parcs industriels sont la matière première dont se sert Randy Bradley pour produire ses photographies de grand format aux couleurs intensément saturées et aux compositions audacieuses acquises tout d'abord pour *Cibachrome* en 1980 et par la suite pour *Transitions: le paysage* en 1982. Dans sa récente série intitulée *Prima Facie* réalisée en 1984, plutôt que de réarranger et de réinterpréter des environnements déjà existants, il crée, dans son studio, ses propres assemblages dans le seul dessein de les photographier. Quatre épreuves Cibachrome extraites de cette série figurent à la collection.

Marlene Creates   **p. 107**
Paper Crossing Stone and Stone, West Coast, Canada, from the series
Paper, Stones and Water / Papier croisant roc et roc, côte Ouest,
Canada, extrait de la série *Papier, pierres et eau*
1979

Epreuve Cibachrome, 2 / 10
34.1 cm sur 49.6 cm
EX-81-159C Achetée en 1981

Les interventions sur la nature qu'effectue Marlene Creates au moyen de
matériaux tel le papier ou par le biais de brèves performances ont pour
but de mettre à jour les apports combinés de l'humain et de la nature
dans un processus dont la photographie fixe les diverses étapes. Seize
photographies extraites de *Papier, pierres et eau* accompagnées d'une
installation réalisée à partir de pierres recueillies en Irlande et sur la côte
Est du Canada faisaient partie de l'exposition *Eléments* en 1981.

Susan McEachern   **p. 108**
Untitled / Sans titre
1979

34.9 cm sur 35.1 cm
EX-80-270 Achetée en 1980

En 1980, *Parallèles atlantiques* regroupait les travaux de dix
photographes dans un aperçu régional qui fut diffusé tant dans les
provinces de l'Est qu'à Ottawa et à Toronto. La contribution de Susan
McEachern à cette exposition prenait la forme d'une série de vingt
images, certaines en noir et blanc, d'autres coloriées à la main, d'autres
en couleurs. Elles tiraient leur inspiration de ses propres sentiments face
aux divers milieux composant Halifax.

Sorel Cohen   **p. 109**
Le Rite Matinal
1979

Epreuve Ektacolor
88.6 cm sur 97.6 cm
EX-79-130C Achetée en 1979

L'oeuvre de Sorel Cohen fait une large part à une interrogation sur la
nature de la photographie et son incidence politique sur le rôle des
femmes dans l'art et dans la société. Les trois oeuvres acquises en 1979
pour l'exposition *Vécu*, soit *Le Rite Matinal*, *After Bacon* / *Muybridge* et
The Camera Can Obliterate the Reality It Records formulaient, chacune à
leur façon, un point de vue sur l'histoire de la photographie et le pouvoir
qui lui est conféré de renforcer ou de renverser les attitudes
fondamentales d'une société envers les aspects rituels du travail.

Barbara Astman   **p. 110**
Untitled, from the series *Visual Narrative* / Sans titre, extrait de la série
''Récits en images''
1978

Epreuve Ektacolor coloriée à la main, à partir d'une diapositive 4″ × 5″
de la maquette originale composée de six épreuves Polaroid SX-70
75 cm sur 90.3 cm
EX-80-288C Achetée en 1980

Barbara Astman s'est toujours mise elle-même en scène dans son
oeuvre. Ses premiers travaux exposés en 1975 exploraient un univers
fantaisiste et une mythologie personnelle au moyen d'une variété de
techniques tels le cyanotype, le coloriage à la main, la xérographie en
couleurs et l'assemblage composé d'épreuves sur tissu, d'appliqués et
de dentelle. Par la suite, comme le démontre l'exemple reproduit ici, elle
a introduit des éléments temporels dans ses oeuvres par le biais de récits
dactylographiés au bas d'épreuves SX-70 groupées puis agrandies.

Denis Plain   **p. 111**
A la discothèque Douze 34, Montréal
1979

20.2 cm sur 30.4 cm
EX-81-68 Achetée en 1981

Denis Plain fut, de 1968 à 1979, photographe au magazine *Perspectives*.
Une sélection des portraits qu'il réalisa pour cet hebdomadaire figurait à
l'exposition *Sur Commande* en 1983. Après avoir quitté *Perspectives*, il
entreprit la réalisation d'un album de photographies sur Montréal, sorte
de chronique visuelle et surtout personnelle de la vie montréalaise le jour
et la nuit. Plusieurs de ces photographies, prises notamment la nuit,
faisaient partie de l'exposition *Photo-reportage* en 1981.

Raymonde April   **p. 112**
Sans titre, extrait d'une série de trois photographies
1979

36 cm sur 45 cm
EX-80-291 Achetée en 1980

Raymonde April a recours à la photographie tant pour ses qualités
expressives et communicatives que pour la liberté qu'elle offre de se
fondre à d'autres disciplines. Certaines de ses oeuvres intimistes faisant
appel à la performance, à la photographie et à l'écriture figuraient à
l'exposition *Vécu* en 1979 alors que *Mots et Images* en 1980 se penchait
sur les aspects formels de quelques-uns de ses travaux. Une installation
récente intitulée *Jour de Verre* fait aussi partie de la collection.

Tim Porter   **p. 113**
Tokyo Archaeology / Archéologie / Tokyo
1980

Epreuve Cibachrome
23.2 cm sur 22.9 cm
EX-80-530C Achetée en 1980

Les différentes étapes de l'oeuvre de Tim Porter sont bien représentées
dans la collection de l'O.N.F. Ses premières photographies figuraient à
Image 6 en 1969. En 1970, il réalisa l'une des monographies formant
B.C. Almanac(h) C.-B. En 1978, son étonnante juxtaposition d'images
prises dans des jardins et dans une boîte de nuit firent l'objet d'une
exposition diffusée au Japon sous le titre *D.M.Z.* Ses images en couleurs
où coexistent la culture japonaise traditionnelle et la société
technocratique faisaient partie de l'exposition *Le Paradis* en 1980 dont le
but était d'illustrer la formation des mythes.

Jennifer Dickson   **p. 114**
The Field: Two, from the series *Il Paradiso Terrestre* / Le pré: deux,
extrait de la série *Il Paradiso Terrestre*
1979

Epreuve Xerox en couleurs, 3/10
15.8 cm sur 24.1 cm
EX-80-440C Achetée en 1980

Il Paradiso Terrestre est l'un des cycles les plus intenses et les plus
touffus qu'a conçus Jennifer Dickson. Faisant appel à ses talents de
peintre, de graveur et de photographe, elle a exploré une conception
actuelle et pertinente de l'ancien mythe du Paradis terrestre. Ses
épreuves Xerox en couleurs réalisées avec minutie à partir de diapositives
35 mm font une large part à de riches textures et à de subtiles couleurs.
Elles retracent le thème principal de son diaporama, la mort et la
résurrection qui suit le voyage au jardin perdu.

Michael Schreier   **p. 115**
Governor General's Greenhouse, Ottawa / Serre du Gouverneur général,
Ottawa
1978

Epreuve Cibachrome directe
26.8 cm sur 34.8 cm
EX-80-40C Achetée en 1979

En plus d'oeuvres de jeunesse acquises au fil des expositions, la
collection regroupe deux ensembles de travaux réalisés par Michael
Schreier au moyen du papier Cibachrome exposé directement dans une
chambre de prise de vue 8″×10″ ou 11″×14″. Des extraits de sa
documentation de serres publiques figuraient à *Cibachrome* en 1980. Ses
photographies de l'intérieur de l'immeuble Daly à Ottawa furent
présentées en 1982 à l'occasion de l'exposition *Acquisitions récentes*.
Au-delà de la prouesse technique, toutes ses images ont en commun la
curiosité respectueuse du photographe pour les espaces publics et
privés, porteurs des traces du passage de l'homme.

Carol Marino   **p. 116**
Peony Trap / Piège à pivoine
1980

Epreuve argentique virée à la main
27.8 cm sur 34.9 cm
EX-81-180 Achetée en 1980

On pourrait décrire les premières oeuvres de Carol Marino figurant à la
collection comme des paysages transposés. Ses images de natures
mortes parfois simples, parfois recourant à des effets de miroir ou à des
dédoublements sont rehaussées de roses et de bleus appliqués à la main.
Cette photographie est venue s'ajouter à la collection en 1980.

Alison Rossiter   **p. 117**
Pink Soap Bottle, from the series *Bridal Satin* / Bouteille de détergent
rose, extrait de la série ''Satin nuptial''
1983

Epreuve Ektacolor
40.6 cm sur 50.7 cm
EX-84-93C Achetée en 1984

La série *Rocky Mountain Fish Stories* (histoires de pêche dans les
Rocheuses), composée d'instantanés en noir et blanc rehaussés de
collages en couleurs de poissons frétillants, qui fut présentée en 1978 à
l'occasion de *Manitoba/Saskatchewan/Alberta*, révélait l'existence chez
Alison Rossiter d'un rare sens de l'humour. Elle a abordé avec le même
sourire malicieux son exploration des objets au moyen desquels la
société définit le rôle de la femme. Ces objets familiers, une fois
dépouillés de leur marque d'identité et de leur connotation usuelle
deviennent, dans la mise en scène de Rossiter, de séduisants symboles
évocateurs de volupté dont il faut cependant se méfier.

Lorraine Gilbert   **p. 118**
West of Commercial Avenue in Chinatown, Vancouver, B.C. / A l'ouest
de l'avenue Commercial dans le quartier chinois, Vancouver (C.-B.)
1979

Epreuve Ektacolor
20.5 cm sur 30.5 cm
EX-80-101C Achetée en 1980

Depuis ses débuts, comme l'illustre cette image, Lorraine Gilbert s'est
consacrée à la photographie en couleurs la nuit. Ce qu'elle nous donne à
voir n'est ni un lieu, ni le passage du temps, encore moins les activités
nocturnes mais plutôt la façon dont la pellicule en couleurs réagit aux
conditions inhabituelles d'exposition. Malgré la rigueur de sa méthode,
l'univers capté par Lorraine Gilbert se dévoile sous des coloris
insoupçonnés, comme en témoignent ses oeuvres présentées en 1980 à
l'occasion de l'exposition *Environnements*.

Nigel Dickson   **p. 119**
Gerard Fennelly, Port Kirwan, Newfoundland / Gerard Fennelly, Port
Kirwan (Terre-Neuve)
1981

Epreuve Cibachrome
27.8 cm sur 27.8 cm
EX-82-623C Achetée en 1982

Les travaux de Nigel Dickson se situent dans cette zone mal définie entre
la photographie éditoriale et le photojournalisme classique. De l'une, ils
adoptent l'approche directe et stylisée, de l'autre, ils perpétuent l'intérêt
pour la vie quotidienne de gens ordinaires. Le reportage ''The Cove'' lui a
été commandé par *Saturday Night* en 1981: il était le deuxième d'une
série portant sur diverses collectivités canadiennes. Ces photographies
faisaient partie de l'exposition *Sur Commande* en 1983 qui s'était donnée
comme objectif d'illustrer l'évolution du reportage photographique au
cours des dernières années.

Bob Anderson   **p. 120**
Ottawa Airport / Aéroport d'Ottawa
1979

19.6 cm sur 30 cm
EX-81-51 Achetée en 1981

Neuf photographies de Bob Anderson furent retenues pour l'exposition
Photo-reportage. Dans chacune d'entre elles, Anderson prend du recul
pour démystifier les agissements de ses collègues photographes. Cet
instantané du Premier ministre Trudeau fut pris durant la campagne
électorale de 1979. La documentation rassemblée par Anderson sur cet
événement a été déposée aux Archives publiques Canada.

Robert Walker   **p. 121**
Vancouver
1979

Epreuve Cibachrome
33.2 cm sur 49.2 cm
EX-80-51C Achetée en 1979

Les onze épreuves de Robert Walker qui figurent à la collection
démontrent éloquemment la virtuosité de leur auteur. En fin connaisseur
de son outil, il transpose ses diapositives en épreuves Cibachrome en
exploitant au maximum la dureté et la surface luisante caractéristiques de
ce procédé. Des oeuvres anciennes exposées en 1973 mettaient à profit
les tonalités éclatantes qu'offre ce procédé pour rendre l'éventail de
couleurs bigarrées et souvent criardes qui caractérise le paysage
urbain. La photographie apparaissant ici a été présentée lors de
l'exposition *Cibachrome* et traite la couleur en champs violemment
contrastés transformant une scène aussi banale qu'un père
photographiant sa fille en un tableau abstrait.

Henri Robideau p. 122

Show Dog / Chien savant
1978

33.7 cm sur 24.4 cm
EX-80-341 Achetée en 1980

Les subtils traits d'esprit d'Henri Robideau relèvent de la fantaisie, de la satire et parfois de la politique. La simple phrase *Show Dog* (chien savant) maladroitement illustrée dans la case du haut, se retourne contre elle-même lorsque nous apercevons la représentation floue d'un cabot récalcitrant. Les oeuvres de Robideau, retenues pour l'exposition *Mots et Images* en 1981, regroupaient d'une part ses documents fort peu conventionnels sur la photographie et le pionnier Mattie Gunterman et, d'autre part, une série de photographies d'objets démesurés qui évoluèrent ultérieurement en vues panoramiques de lieux communs canadiens telle l'oie de Wawa.

Alvin Comiter p. 123

Untitled / Sans titre
1973

12.8 cm sur 19 cm
EX-80-236 Achetée en 1980

Alvin Comiter sait mettre en lumière, en humoriste subtil qu'il est, les côtés absurdes de la vie quotidienne. La discrète remarque reproduite ici caractérise son travail. Celle-ci faisait partie de l'exposition *Parallèles atlantiques* produite en 1980, pour présenter les oeuvres de dix photographes habitant les Provinces maritimes. Comiter enseigne au Nova Scotia College of Art and Design depuis 1974. De nombreux voyages en Amérique du Nord lui ont fourni une réserve impressionnante de perspectives insolites sur la nature, l'architecture et le langage.

Douglas Curran p. 124

Flying Saucer Gift Shop, Cavendish, Prince Edward Island, from the series *In Advance of the Landing: Folk Concepts of Outer Space* / Magasin de souvenirs en forme de soucoupe volante, Cavendish (Ile du Prince-Edouard), extrait de la série *En attendant les extraterrestres: L'espace dans l'imagination populaire*
1979

24.3 cm sur 31.8 cm
Ex-80-632 Achetée en 1980

En attendant les extraterrestres: L'espace dans l'imagination populaire retrace, à travers divers artefacts et des rites publics, la fascination qu'exerce sur l'homme l'au-delà. Depuis l'automne 1977, Curran a parcouru quelque 200 000 km pour photographier les fusées, les soucoupes volantes, les peintures ou les rituels par lesquels l'homme témoigne de sa recherche d'une vie extraterrestre. Des extraits de ses trois premières années d'enquête furent acquis en 1981. La collection s'est aussi enrichie d'un ensemble de ses oeuvres en 1978 et de son essai sur les Métis d'Alberta.

Michaelin McDermott p. 125

Lena Kostovetsky (left) and Julie Perkraksky (right) at the Young Men's Hebrew Association Community Centre, Winnipeg, Manitoba / Lena Kostovetsky (à gauche) et Julie Perkraksky (à droite) au centre communautaire de la Young Men's Hebrew Association, Winnipeg (Manitoba)
1980

35.4 cm sur 46.4 cm
EX-81-110 Achetée en 1981

Michaelin McDermott conçoit le portrait comme une collaboration entre le photographe et ses sujets qu'elle encourage à donner libre cours à leur inspiration. Sa série de photographies prises au centre communautaire Y.M.H.A. de Winnipeg et montrant des immigrants récents de la Russie en train de préparer un concert pour célébrer leur accès à la liberté fut acquise à l'occasion de l'exposition *Photo-reportage*. A mi-chemin de la pose et de l'instantané, ses photographies représentent des petits spectacles destinés à établir une communication spontanée et chaleureuse entre ces "modèles" et le spectateur.

Thaddeus Holownia p. 126

Ice Tide, Sackville, New Brunswick / Marée de glace, Sackville (Nouveau-Brunswick)
1979

Epreuve argentique tirée par contact, 1/5
10 cm sur 45.5 cm
EX-79-348 Achetée en 1979

Thaddeus Holownia a commencé ses recherches avec l'appareil ''Banquet'' en 1975. Il l'a d'abord utilisé à la façon d'un petit 35 mm pour prendre des portraits de ses amis et pour photographier des scènes inusitées rencontrées au hasard de ses voyages. ''Marée de glace'' reflète l'intérêt de l'artiste pour les paysages entourant sa demeure de Sackville, au Nouveau-Brunswick. Elle était au nombre de ses photographies exposées à la Galerie de l'Image en 1979. Holownia a rassemblé en quatre séries de dix photographies chacune ses études du paysage unique résultant du système d'aboiteaux propre à la région de la Baie de Fundy. Deux de ces séries entreprises pour commémorer le Bicentenaire du Nouveau-Brunswick en 1984 se sont ajoutées à la collection cette année.

Richard Holden p. 127

Marble Island, Northwest Territories / Ile Marble (Territoires du Nord-Ouest)
1980

Epreuve Cibachrome
15 cm sur 45.4 cm
EX-82-293C Achetée en 1982

Richard Holden a séjourné dans les Territoires du Nord-Ouest de mai à août 1980. Vivant seul sous la tente, il a réalisé au cours de ces mois plus de 1 500 photographies panoramiques. Le dépouillement de ces images fait leur force. Traditionnellement, les habitants, la flore et la faune du Nord ont davantage retenu l'attention des photographes que ses paysages. Dans ses vues panoramiques de l'Arctique, Holden fait preuve d'une maîtrise rare de son moyen d'expression et d'une audace inégalée dans la composition de ses images qui font de ces travaux, présentés lors de *Transitions: le paysage* en 1982, des oeuvres marquantes.

David McMillan p. 128

Banff, Alberta / Banff (Alberta)
1979

Epreuve Ektacolor
36.6 cm sur 46.4 cm
EX-82-231C Achetée en 1982

Deux ensembles d'oeuvres extrêmement différentes de David McMillan ont fait partie d'expositions de l'O.N.F. Une collection d'images stéréoscopiques amusantes figurait à *Manitoba/Saskatchewan/Alberta* en 1978. *Transitions: le paysage* en 1982 faisait place à ses vues urbaines où priment l'espace et le détail et où la couleur joue à la fois de la séduction et de l'information.

Lynne Cohen p. 129

The Powers Modelling School, Orlando, Florida / Ecole de mannequins Powers, Orlando (Floride)
1979

19.2 cm sur 24.3 cm
EX-80-126 Achetée en 1980

Lynne Cohen explore les lieux communs de notre vie en société. La précision clinique de ses images de bureaux, de lieux publics et de salles de réunion, résultant de l'utilisation de la chambre 8'' × 10'', confère aux objets d'utilité courante peuplant ces lieux anonymes une présence équivoque et troublante. Dépouillés de leurs aspects fonctionnels, ces éléments de décor acquièrent une existence indépendante autrement plus réelle. L'O.N.F. a fait l'acquisition d'oeuvres de Cohen à l'occasion de *Photographie 75* et *Environnements* en 1980.

James Stadnick p. 130

Dino Ceppetelli, Mike Nolan, Myron Dunn, Willy Schade, Drillers, 2,400' level underground, Thompson, Manitoba, from the series *Hardrock Miners* / Dino Ceppetelli, Mike Nolan, Myron Dunn, Willy Schade, foreurs, niveau 2 400', Thompson (Manitoba), extrait de la série ''Mineurs en roche dure''
1980

48.9 cm sur 38.9 cm
EX-83-37 Achetée en 1983

James Stadnick, alors photographe à l'emploi de l'INCO à Thompson au Manitoba, a profité de ses moments libres sur une période de trois mois en 1980 pour tracer un portrait des équipes de mineurs travaillant à divers paliers de la mine. Mise à part leur valeur historique, ses images représentent un bel exemple du défi posé par l'utilisation délibérée d'éclairage et d'une chambre 8'' × 10'' pour la réalisation de ce projet. Ces photographies faisaient partie de *Document* en 1983 et sont maintenant distribuées dans une exposition itinérante regroupant aussi les travaux réalisés par Lawrence Chrismas sur les mineurs retraités.

John Paskievich p. 131

Kiev, Ukraine, U.S.S.R. / Kiev, Ukraine (U.R.S.S.)
1980

20.1 cm sur 30.2 cm
EX-82-355 Achetée en 1982

John Paskievich a voyagé durant neuf mois en Europe de l'Est photographiant ce qui retenait l'attention de l'étranger attiré par la terre de ses ancêtres. En 1983, le Service a publié, en collaboration avec Lester & Orpen Dennys, un compte rendu de son voyage intitulé *Un chant muet: photographies du monde slave* alors qu'était lancée à la Winnipeg Art Gallery une exposition solo de ces oeuvres qui circulera partout au pays.

Robert Minden p. 132

John J. Verigin, Honorary Chairman, Union of Spiritual Communities of Christ, Grand Forks, B.C. / John J. Verigin, Président honoraire, Union des collectivités spirituelles du Christ, Grand Forks (C.-B.)
1978

31.7 cm sur 25.4 cm
EX-79-406 Achetée en 1979

L'exposition de Robert Minden intitulée *A l'écart du reste du monde: Conversations avec des Doukhobors canadiens de la Colombie-Britannique* amorça sa tournée canadienne en 1979 en même temps qu'était publié un catalogue en anglais, en français et en russe. Cet événement marquait la conclusion de l'exploration à laquelle Robert Minden s'est livré pendant six ans auprès de ce groupe religieux ayant fui la Russie tsariste pour trouver au Canada la même incompréhension et la même attitude discriminatoire à l'égard de ses croyances. Sociologue, musicien et photographe, Minden a pris de nombreux portraits et recueilli de multiples témoignages des survivants désenchantés de cette société utopique.

Gary Wilson p. 133

Exterior view of pit rim, gypsum mine, near Windsor, Hants County, N.S., from the series *Views of New Brunswick and Nova Scotia* / Vue extérieure du bord de la fosse, plâtrière près de Windsor, Comté Hants (N.-E.), extrait de la série *Vues du Nouveau-Brunswick et de la Nouvelle-Ecosse*
1979

32.8 cm sur 40.5 cm
EX-82-282 Achetée en 1982

Les photographes du dix-neuvième siècle s'intéressaient aux paysages grandioses où la présence de l'homme n'avait pas encore laissé sa trace. Leurs photographies, où prévalait la topographie, constituaient autant de descriptions détaillées de nouvelles frontières à explorer. Gary Wilson décrit leur héritage: les cicatrices laissées sur la nature par les bienfaits de la civilisation. Ses vues de la Nouvelle-Ecosse et du Nouveau-Brunswick forment un dossier accablant des résultats de siècles d'exploitation des ressources naturelles.

Jeremy Taylor p. 134

Balmy Beach, Toronto, from the series *Austere Landscapes, 1981-82* / Balmy Beach, Toronto, extrait de la série ''Paysages austères, 1981-82''
1981

37.9 cm sur 48 cm
EX-82-260 Achetée en 1982

Les oeuvres de Jeremy Taylor figurent parmi les premières acquisitions de la Collection de la photographie esthétique du Service. La série de photographies qu'il a prises à Montréal entre 1961 et 1966 a fait l'objet de l'une des premières expositions itinérantes produites par le Service. L'exposition *Ma ville secrète* a été inaugurée au Centre Bonsecours de Loyola en 1966. Ses oeuvres figurant à la collection révèlent l'attrait que le paysage exerce sur lui. Dans ceux-ci, il explore et exprime ses pensées et ses sentiments les plus profonds. Cinq oeuvres extraites de ses ''Paysages austères, 1981-82'' faisaient partie de *Transitions: le paysage*.

Robert Bourdeau p. 135

Untitled / Sans titre
1980

16.4 cm sur 20.2 cm
EX-82-139 Achetée en 1982

Les neuf natures mortes acquises en 1982 se démarquent ostensiblement des nombreux paysages de Robert Bourdeau figurant à la collection. D'un autre côté, la richesse de leurs tonalités, la rigueur de leur composition et leur atmosphère d'introspection les rattachent sans doute possible à ses travaux plus connus qui reflètent l'intense spiritualité recherchée par Bourdeau dans la nature. Ses natures mortes ont été prises avec une chambre 8'' × 10'' et tirées par contact.

Volker Seding p. 136
The Listener / A l'écoute
1981

Epreuve argentique coloriée à la main, 7/10
34.2 cm sur 26.7 cm
EX-82-99C Achetée en 1982

Bien qu'elles soient riches en tonalités et rehaussées de couleurs appliquées à la main, les études de Volker Seding relèvent indéniablement de la photographie dans leur description du geste et de la figure. Les traits révélateurs d'individualité de même que les mains du modèle sont gommés. "A l'écoute" démontre la maîtrise de Seding sur son moyen d'expression; cependant il laisse place au hasard et à l'inspiration lorsqu'arrive le moment du choix du temps d'exposition et des couleurs.

Shin Sugino p. 137
Untitled, from the series *Revisions* / Sans titre, extrait de la série *Révisions*
1975

Epreuve partiellement virée sur papier Azo teinté bleu
17.2 cm sur 25.3 cm
EX-82-218 Achetée en 1982

Huit ans se sont écoulés entre *Pèlerinage* et *Révisions*. En 1974, Shin Sugino définissait sa démarche comme "une quête de la confirmation de sa foi". Dans *Pèlerinage*, Sugino affectionne les contrastes violents et le sujet de ses photographies où domine le détail européen lyrique, semble aliéné de son entourage. *Révisions* revient aux mêmes paysages et aux mêmes symboles; cependant, la série d'épreuves sur papier Azo partiellement virées présente une certaine cohérence et affiche une sérénité nouvelle, fruit du cheminement complexe de l'artiste.

Chick Rice p. 138
Michael Fritzke, Banff
1979

20.9 cm sur 31.1 cm
EX-84-103 Achetée en 1984

Dans sa série *Portraits from three great nations: Disorientals, Accidentals, and Ornamentals* (portraits de trois grandes nations: les dépaysés, les occasionnels, les séduisants), Chick Rice a sollicité la collaboration de ses proches, de connaissances et d'étrangers pour prendre leur portrait. Ses sujets posent devant une toile de fond sur laquelle la lumière dessine des motifs soigneusement agencés. Le portrait de Michael Fritzke de même que les quinze autres réalisés entre 1979 et 1982 ont en commun un sentiment de retour dans le temps qui les situent dans notre époque.

Doug Clark p. 139
Japanese Restaurant, Victoria / Restaurant japonais, Victoria
1981

Epreuve Ektacolor
39 cm sur 57.4 cm
EX-84-270C Achetée en 1984

Cinq photographies en noir et blanc de Doug Clark avaient été retenues pour l'exposition *Manitoba / Saskatchewan / Alberta* en 1978. Une deuxième série d'épreuves fut acquise en 1984. Clark est passé de la retenue de ses premières images à la célébration exubérante de la couleur. Il puise ses sujets à même les objets quotidiens familiers.

Isaac Applebaum p. 140
Man to Man / Homme à homme
1981

7 épreuves argentiques montées sur bois
4 épreuves 129.3 cm sur 99 cm; 2 épreuves 32.7 cm sur 25.5 cm;
1 épreuve 60.2 cm sur 50.2 cm
EX-84-279 à EX-84-285 Achetées en 1984

"Homme à homme" est la première oeuvre importante d'Isaac Applebaum à venir orner notre collection. Conçues sous forme de montage, les sept photographies qui la composent doivent être placées de façon que le spectateur puisse s'interposer entre les sujets et interpréter les liens que suggèrent leur position et leur grandeur. La série "Homme à homme" a été exposée pour la première fois à Mercer Union en 1981.

Fred Cattroll p. 141
Toronto Athletic Club / Centre sportif de Toronto
1980

32.9 cm sur 48.1 cm
EX-83-99 Achetée en 1983

En 1980, on commanda à Fred Cattroll une série de photographies sur le Toronto Athletic Club. Fasciné à la fois par le sujet et par l'occasion de produire un document en profondeur sur les coulisses de la boxe, il a poursuivi les prises de vues durant deux ans. Son intérêt s'est surtout porté sur les jeunes boxeurs à l'entraînement et sur leurs rapports avec les entraîneurs. Douze épreuves ont été acquises en 1983 pour l'exposition *Document*.

John Chalmers p. 142
Elora Quarry, from the series *Habitat Familial* / Carrière d'Elora, extrait de la série *Habitat Familial*
1983

31 cm sur 25.6 cm
EX-84-75 Achetée en 1984

John Chalmers vit dans la région d'Elora en Ontario depuis plus de dix ans. Son intérêt marqué pour le documentaire social l'a amené à prendre part aux activités de la communauté. On retrouve dans la collection de l'O.N.F. des photographies plus anciennes de Chalmers portant sur la même région de même que des oeuvres de jeunesse achetées en 1972 lors de l'exposition *Photographie 25*. Sa récente série sur la carrière d'Elora montre à la fois les protagonistes et les lieux de leurs divertissements estivaux.

Michel Campeau p. 143
Parc Paul-Sauvé, Oka, extrait de la série *Week-end au "Paradis terrestre"!*
1980

39.3 cm sur 49.5 cm
EX-82-71 Achetée en 1982

Week-end au "Paradis terrestre"! retrace le cheminement affectif et politique d'un enfant du siècle. Le photographe Michel Campeau, en se prenant lui-même comme sujet après s'être éloigné de la photographie pendant plusieurs années, effectue un retour sur son oeuvre documentaire passée et réoriente sa pratique photographique à travers les influences conjuguées du marxisme et du féminisme. L'O.N.F. a fait l'acquisition de ses oeuvres depuis 1971. *Week-end au "Paradis terrestre"!* fut présenté à la Galerie de l'Image en 1982.

George Steeves p. 144
2nd Miss X, Laughing, from the series *Pictures of Ellen* / Mlle X N° 2, souriante, extrait de la série "Portraits d'Ellen"
1982

19.5 cm sur 24.6 cm
EX-84-130 Achetée en 1984

La rencontre de George Steeves, photographe et d'Ellen Pierce, artiste et comédienne, a produit une série de photographies riches et complexes où les frontières entre l'art et la vie sont constamment gommées et où les canons du portrait sont constamment contestés. Durant les trois ans qu'a duré leur collaboration, Steeves a pris des centaines de photographies de Pierce dans ses activités tant professionnelles que personnelles. Steeves aussi a endossé divers déguisements par l'utilisation de différentes approches et d'une variété de formats pour fouiller ses perceptions. Sa documentation nous révèle un portrait approfondi à la fois de Pierce et des manoeuvres du photographe.

David Hlynsky p. 145
Eggs / Oeufs
1983

Epreuve Ektacolor
35.5 cm sur 35.4 cm
EX-84-224C Achetée en 1984

Le mot "eggs" griffonné sur un paquet d'allumettes est l'un des trois éléments d'un message photographique aussi complexe et stimulant que la présence de son auteur dans le milieu photographique. David Hlynsky a été éditeur de *Image Nation*, a écrit, exposé et participé à des recherches holographiques avec Michael Sowdon. En 1978, l'O.N.F. a présenté une série de ses épreuves en noir et blanc dépeignant des objets usuels sous un jour insolite. Ses triptyques en couleurs établissent des rapports multiples tant à l'intérieur qu'à l'extérieur des images.

Phil Bergerson p. 146
Living Gloves / Gants "Living"
1979

Epreuve Ektacolor
44.6 cm sur 29.7 cm
EX-81-264C Achetée en 1981

Cet étalage de gants "Living" fait partie de la multitude de biens de consommation disponibles sur le marché qu'a photographiés Phil Bergerson. Son approche ne varie pas: il remplit le cadre de son appareil de l'objet choisi puis tire ce négatif 24 fois pour former une grille renforçant l'idée d'abondance et de banalité. Dans cet exemple, un produit déjà multiple est transformé par la répétition systématique.

Donigan Cumming p. 147
Untitled / Sans titre
1982

32.9 cm sur 22 cm
EX-83-78 Achetée en 1983

La méthode de travail et le point de vue de Donigan Cumming ont créé des remous dans le monde de la photographie documentaire. Traditionnellement, celle-ci s'inspire d'une conscience sociale pour décrire le plus justement possible les conditions d'existence des gens. Cumming fait fi de la norme en mettant en scène ses sujets. Cette approche non-conformiste faisait partie de *Document* en 1983.

Stephen Livick p. 148
Untitled, from the series *Joints* / Sans titre, extrait de la série "Baraques foraines"
1982

65 cm sur 81.4 cm
EX-84-53 Achetée en 1984

Il est impossible de parler de l'oeuvre de Stephen Livick sans mentionner la qualité technique et la taille de ses images. Grâce à celles-ci, ses sujets acquièrent des dimensions monumentales. Ses premières oeuvres achetées en 1976 constituaient de brillantes démonstrations des procédés de la gomme bichromatée et du cyanotype colorié à l'aérographe. Son portefeuille *Amerika '76* rendait compte de ses pérégrinations aux Etats-Unis en cette année du Bicentenaire sous forme d'épreuves au platine tirées à partir de négatifs à l'infrarouge. Les pierres géantes de Terre-Neuve qui faisaient partie de *Transitions: le paysage* en 1982 dominent l'image de toute leur majesté. L'abondance de détails recueillis sur le négatif 8" × 10" et reproduits sur un agrandissement de format 65 cm sur 81.4 cm submergent le spectateur des images de la série "Baraques foraines" acquises en 1984.

Edward Burtynsky p. 149
Chicken Packing Plant 1, Toronto / Usine d'empaquetage de poulets 1, Toronto
1983

Epreuve Ektacolor
35.4 cm sur 44.3 cm
EX-84-178C Achetée en 1984

A l'occasion de l'exposition *Transitions: le paysage* en 1982, l'O.N.F. a fait l'acquisition de six paysages d'Edward Burtynsky, alors jeune diplômé de la Ryerson Polytechnical Institute. Un deuxième achat en 1984 témoigne de l'évolution tant de son approche que de son choix de sujets. Les paysages ont fait place aux sites industriels, miniers, forestiers et agricoles pillés et morcelés par l'homme. Nos aliments sont le produit de conserveries et d'abattoirs. Nous retrouvons trace de la nature sous forme de trophées de chasse meublant l'atelier du taxidermiste.

Pat Morrow p. 150
Everest Base Camp (5,364 m, 17,600') / Le camp de base de l'Everest (altitude 5 634 m, 17 600')
1982

34 cm sur 49.6 cm
EX-82-672C Achetée en 1982

Pat Morrow se spécialise dans la photographie d'exploration. Les nombreux reportages qu'il réalise pour le compte de prestigieux magazines comportent toujours un élément de risque et visent à faire reculer les frontières du connu. Il a été le photographe officiel de l'expédition canadienne partie faire l'ascension de l'Everest en août 1982, ce qui ne l'a pas empêché d'être le deuxième Canadien à atteindre le sommet après Laurie Skreslet. L'O.N.F. a produit en 1983 une exposition itinérante retraçant les étapes de cette aventure.

INDEX

Français

CREDITS

Edited and produced by:	Pierre Dessureault
	Martha Hanna
	Martha Langford
Design:	George Nitefor
Chief editorial assistant:	Maureen McEvoy
Chief production assistant:	Sue Lagasi
Editorial assistance and research:	Bohdanna Horich Cmoc
	Anne Jolicoeur
Production assistance:	Claire Jobidon
	Clement Leahy
	Normand Lemonde
	Johanne Massé
	Jacque Roy
Additional translation:	Catherine Archer
	Jovette Champagne
French revision:	Christian Larsen
Project management:	Pat Chase
	Lise Krueger

A production of the National Film Board of Canada
Martha Langford, Executive Producer, Still Photography Division
Robert Monteith, Director, Ottawa Services Branch

COLLABORATEURS

Réalisation:	Pierre Dessureault
	Martha Hanna
	Martha Langford
Design:	George Nitefor
Secrétaire de rédaction:	Maureen McEvoy
Secrétaire d'édition:	Sue Lagasi
Assistantes à la rédaction et à la recherche:	Bohdanna Horich Cmoc
	Anne Jolicoeur
Assistants à la réalisation:	Claire Jobidon
	Clement Leahy
	Normand Lemonde
	Johanne Massé
	Jacque Roy
Collaboratrices à la traduction:	Catherine Archer
	Jovette Champagne
Révision de la traduction française:	Christian Larsen
Gestion du projet:	Pat Chase
	Lise Krueger

Réalisation de l'Office national du film
Martha Langford, Producteur exécutif, Service de la photographie
Robert Monteith, Directeur du Bureau d'Ottawa

ACKNOWLEDGEMENTS

Many people have contributed to the realization of this book. Richard Sexton, Hélène Proulx, John Ough, and Larry Weissmann verified some of our impressions and shared their recollections of the Division's past. Joy Houston and Andrew Rodger of the National Photography Collection of Public Archives Canada assisted our research. All photographers contacted in connection with this project were cooperative and thoughtful in their replies.

David Friesen, Ken Penner, and Blago Hristovski were generous and sensitive to this project, making our work in Altona and Winnipeg, Manitoba, both rewarding and pleasurable. James Martin brought his high standards to the reproduction of the photographs. Mel Hurtig encouraged us from our first meeting. David Shaw was helpful during the early phases of production. Elizabeth Munroe, editor-in-chief of Hurtig Publishers, made useful and considerate changes to the text and efficiently coordinated her colleagues' efforts with ours.

The task of writing the introduction was eased by the suggestions and assistance of my colleagues, especially Martha Hanna, George Nitefor, Bohdanna Horich Cmoc, and Pierre Dessureault who delivered a brilliant translation. Maureen McEvoy's coordination of the text was nothing short of heroic. My father, Warren Langford, read the introduction and gently purged it of wooliness.

In 1976, Lorraine Monk gave me the fascinating assignment of writing a brief history of the Still Photography Division. Research started at that time became the basis of this document. The work of Lorraine Monk, of her colleagues and predecessors, has furnished Canadians with a permanent, multi-faceted source of study, enjoyment, and argument. In following them, I have had the good fortune of serving under Robert Monteith, Director of Ottawa Services of the National Film Board of Canada.

This book has been made in the spirit of collaboration. My part is dedicated to Maureen Cumbers who showed me how to work with others and to Eileen Toumanoff who taught me to see.

M.L.

REMERCIEMENTS

Plusieurs personnes ont collaboré à la réalisation du présent ouvrage. Richard Sexton, Hélène Proulx, John Ough et Larry Weissmann ont corrigé nos lacunes de mémoire et partagé avec nous leurs souvenirs des débuts du Service de la photographie. Joy Houston et Andrew Rodger, de la Collection nationale de photographies d'Archives publiques Canada, nous ont secondés dans nos recherches. Tous les photographes à qui nous avons fait appel ont répondu avec application à nos questions.

L'accueil attentif et bienveillant que David Friesen, Ken Penner et Blago Hristovski ont réservé à notre projet a fait de notre séjour à Altona et à Winnipeg, au Manitoba, une expérience de travail à la fois profitable et agréable. James Martin a reproduit les images avec toute la minutie que nous lui connaissons. Mel Hurtig nous a prodigué ses encouragements dès notre première rencontre. David Shaw nous a apporté une aide précieuse au cours des premières étapes de l'élaboration du projet. Elizabeth Munroe, rédactrice en chef chez Hurtig Publishers, a fait des retouches utiles et judicieuses au texte et coordonné avec efficacité les travaux de nos équipes respectives.

Les suggestions et l'appui que m'ont fournis mes collègues, en particulier Martha Hanna, George Nitefor, Bohdanna Horich Cmoc et Pierre Dessureault, lequel a accompli un travail de traducteur remarquable à cet égard, ont facilité la tâche qui m'était dévolue de rédiger l'introduction de l'ouvrage. Maureen McEvoy a déployé des efforts héroïques pour coordonner la mise en forme du texte. Enfin, mon père, Warren Langford, a accepté de relire mon introduction pour en épurer le style.

En 1976, Lorraine Monk m'avait confié la mission combien fascinante de rédiger un bref historique du Service de la photographie. Les recherches que j'ai entreprises alors ont servi de base au présent ouvrage. Grâce à leur travail, Lorraine Monk et ses collègues, ainsi que leurs prédécesseurs, ont légué aux Canadiens une collection permanente aux multiples facettes qui se veut tour à tour une source d'apprentissage, de plaisir et de discussion. En poursuivant leur oeuvre, j'ai eu la chance de travailler sous la direction de Robert Monteith, directeur du Bureau d'Ottawa de l'Office national du film.

Cet ouvrage est le fruit d'un travail de collaboration. Je dédie la part que j'y ai prise à Maureen Cumbers qui m'a enseigné à travailler avec les autres et à Eileen Toumanoff qui m'a appris à voir au-delà des apparences.

M.L.